アウグスブルク信仰告白

フィリップ・メランヒトン 著

ルター研究所 訳

LITHON

宗教改革五〇〇年記念を前に、本書を刊行するにあたって

二〇一七年は宗教改革五〇〇周年の年にあたる。バチカンと世界ルーテル連盟（ＬＷＦ）は、一年に一度、一週間の会期で「一致に関するルーテル＝ローマ・カトリック委員会」（Lutheran - Roman Catholic Commission on Unity）という共同委員会を通じて両教会の相互理解に努めてきたが、二〇一七年はこの委員会が五〇回目を迎える年でもある。また、史上初めてのことであるが、両教会は二〇一七年一〇月三一日に、ルターが『九五箇条の提題』を掲示したと言われているヴィッテンベルクの城教会で、五〇〇周年を記念する合同の礼拝を行う予定である。両教会はそれに先立って、『争いから交わりへ』（*From Conflict to Communion*）という共同文書を発表している（二〇一三年六月）。この文書の日本語訳も、日本のカトリック教会と日本福音ルーテル教会の共同訳という形で二〇一五年二月に出版された（教文館）。

この間、日本のカトリック教会と日本福音ルーテル教会は、一年に二度開かれるエキュ

メニズム委員会で相互理解を深めてきた経緯があり、一九九九年にドイツのアウグスブルクで調印された『義認の教理に関する共同宣言』は、ルーテル＝ローマ・カトリック共同委員会訳という形で二〇〇四年に翻訳・出版され（教文館）、同年の一〇月三一日の日曜日の午後に、東京・四谷にある聖イグナチオ教会のマリア聖堂で、出版を感謝する合同礼拝が行われた。また、この委員会はそれより先に『カトリックとプロテスタント、どこが同じでどこが違うか』（教文館）という書物を出版していたが、本書はそれ以後、版を重ねている。

宗教改革五〇〇年を迎えるにあたって、日本福音ルーテル教会は、五〇〇周年記念の意義を教会全体に深く浸透させるために、二〇一二年に準備委員会を正式に立ち上げてその準備に入った。しかし、この五〇〇年記念は両教会の相互理解の進展を示すものであるが、単に教会間の出来事に留まるものではなく、両教会が依然として対立関係にあると見ている日本社会の一般的な見方を変革させる意図も持っている。

本書はその一環として出版される。本書は、『一致信条書』（聖文舎、一九八二年、復刻版、教文館、二〇〇六年）に収録されている『アウグスブルク信仰告白』（ドイツ語本文、石居正己訳）の訳文に改訂を加えたものである。改訂を担当したのは、鈴木浩である。その際には『ルター著作集第一集』（聖文舎、一九六三―一九八四年）に入っているルターの重要著作の訳文に改訂を加えて『ルター著作選集』（教文館、二〇〇五年、第二版、二〇一二年）として出版した改訂の方針に倣った。具体的には次のとおりである。

一、聖書の引用は、口語訳から新共同訳に切り替える。文脈上不都合がある場合には、口語訳のままとする。

二、神学用語のうち、聖礼典（プロテスタント）と秘跡（カトリック）に使い分けていたsacramentumは、サクラメントに統一する。

三、人名表期は、教父、神学者の場合、ラテン語で著作した人物はラテン語音訳で、ギリシャ語で著作した人物はギリシャ語音訳で表記する。（なお、『キリスト教人名辞典』にある「長音表記」は原則無視する。例、アウグスティーヌスとせず、慣例通りアウグスティヌスとする。

例　アタナシウス　↓　アタナシオス
ヴィクトル　↓　ウィクトル
ヒエロニムス　↓　ヒエロニュムス
キプリアヌス　↓　キュプリアヌス
アリウス　↓　アレイオス
クリソストモス　↓　クリュソストモス

四、地名表記は原則として現在の地名を使う。

例　メディオラヌム　↓　ミラノ
ロンディヌム　↓　ロンドン
ルティティア　↓　パリ

五、「言葉」は、新共同訳の表記に準拠せず、「神の言葉」を意味する場合には、「みことば」あるいは「ことば」とし、それ以外は「言葉」とする。

六、口語訳聖書における漢字制限は無視する。

例　からだ　↓　体、いのち　↓　命。また、魚（口語訳までは一貫して「うお」）は、新共同訳聖書に従って「さかな」と読む。

なお、改訂した訳文は、原訳者である故石居正己氏に目を通していただき、確認を受けて、一箇所の修正を経て最終的に確定した。

本書は宗教改革五〇〇年を前に日本福音ルーテル教会が「推薦図書」に指定した四冊（徳善義和著『マルティン・ルター』（岩波新書、二〇一二年）、ルター研究所訳『エンキリディオン　小教理問答』（リトン、二〇一四年）、『アウグスブルク信仰告白』、『キリスト者の自由』）の三冊目に当たる。

この『アウグスブルク信仰告白』の出版が、宗教改革五〇〇年を迎えるにあたって、宗教改革の歴史的意義と現代的意義を考える際の大きな刺激となってくれることを期待している。

二〇一五年九月

ルター研究所 所長　鈴木　浩

目次

目　次

アウグスブルク信仰告白

一五三〇年アウグスブルクにおいて、若干の諸侯と都市によって皇帝陛下に提出された信仰の告白

詩編一一九編
わたしは王たちの前であなたの定めを告げ、決して恥とすることはないでしょう。

序　文[1]

英明であって強大、無敵の皇帝陛下[2]、憐れみ深い主君、陛下は、しばらく前の一月二一日にここアウグスブルクに帝国議会を招集し、われわれにとってもキリスト教の名を冠する者にとっても旧敵のトルコ人[3]に関し、これに有効に対処するためにいかに持続的に協力するかについて、また聖なる信仰とキリスト教の中にある軋轢をいかに処理できるかについて、審議すべきことを告示されました。そしてこの目的のために、愛と友好とをもってわれわれ双方の間にあるそれぞれの判断や意見や考えを聞き、理解し、吟味するために、評議し努めるよう提議されました。それによって一つのキリスト教的真理に導き、すべてを比較して、いずれの側によっても正しく解釈されなかったり、正しく取り扱われないことのないようにし、われわれすべての者の中に唯一の真の信仰を信じ保ち、われわれすべてが一人のキリストのもとにあってそのために戦うように、共に一つの交わりと教会との一致の中に生きることができるようにという意図によるものです。われわれ下記に署名した選帝侯、諸侯は、われわれの仲間の者と共に、他の選帝侯や諸侯、議員と同じく招集されました。そしてわれわれはご命令に従い、誇って言うわけではありませんが真っ先にここに到着いたしました。(5)

またわが皇帝陛下は布告を発して、信仰に関する事柄について、感謝すべきことに、選帝侯、諸侯と議員らが、それぞれその布告に従って、いうところの誤謬、相違、乱用などに関する判断、意見、考えをドイツ語とラテン語で書いて提出するようにと特に求められました。そこで慎重に考慮し相談した後、陛下のご意志に従って、先の水曜日（六月二二日）に上奏し、われわれの側としてはわれわれの考えをドイツ語とラテン語によって、きょう金曜日（六月二四日）(6)に提出できると申し述べました。それゆえ、われわれはわれわれの牧師たちと説教者たちの教えとわれわれ自身の信仰の告白を恭しく陛下に提出し、奉呈いたします。その中では、神聖な聖書を基として、何が、またどのような形で、われわれの領邦、公領、所領、諸都市、管区において説教され、教えられ、主張され、また教育されているかを述べております。

そしてもし相手側の選帝侯、諸侯、諸議員も、自分の考えと意見とをラテン語とドイツ語の二種の同じような文書にして提出するなら、わが慈しみ深き主君、皇帝陛下のみ前で、喜んで彼らやその仲間と穏やかに秩序ある仕方で協議する用意があります。そしてこれが、もし公正に行われるのなら、一致をもたらすことができるでありましょう。こうしてわれわれ両派の間の文書となった提議と願望とが、愛と友好とをもって論議され、その相違が除かれ、われわれすべてが一人のキリストのもとにあって戦い、キリストを告白しなければならないように、一つの真の宗教に一致することができるでありましょう。こうしたすべてのことが、しばしば言及される陛下の布告にかない、また神の真理に従ってなされることをわれわれは恭しく全能の神に願い求め、また神のみ恵みがこのために与えられるように懇願いたします。アーメン。

しかしもし、われわれの君侯や仲間と、相手側の選帝侯、諸侯、諸議員を代表する者とにおいて、陛下の布告が意図したような取扱いで、われわれお互いの間で愛と好意と友好とをもって折衝がなされず、何の効果も生じなくても、われわれの側では神と良心にかけて、キリスト教的一致のために仕えることができ、それが可能な限り何も省かないで全力を尽くすでありましょう。これに関しては、陛下、前述したわれわれの友、選帝侯、諸侯、諸議員とキリスト教を愛するすべての者が考えていることは、後述するわれわれとわれわれの仲間が提出する信仰告白から、寛大に、好意をもって、十分にお汲みとりいただけるでしょう。

以前に陛下は、憐れみ深くも選帝侯、諸侯、帝国議会の議員に諒承を与えられました。とりわけ先の一五二六年にシュパイエルにおいて開かれた帝国議会で公に朗読された訓令によって、陛下はそこに示された様々な理由で、われわれの聖なる信仰に関する問題を決定する措置を取らず、むしろ教皇に対して公会議を招集するよう熱心に乞い求められました。更に昨年はシュパイエルにおける前回の国会で、文書をもって、選帝侯、諸侯、および帝国の議員たちには、帝国内の陛下の名代でありハンガリーとボヘミヤの王であられる（フェルディナント）公[7]を通し、更に陛下の布告官と顧問官たちにより、他のことと共に次のことを公示させられました。すなわち陛下は、陛下の名代、宰相、帝国顧問官たち、レーゲンスブルクに招集された帝国議会（一五二七年）に集まった人々が、欠席の選帝侯、諸侯、議員の代表者たちと共に、公会議に訴えるという考えを熟慮し、またそうした会議を招集することが有効であると認めたことを公にされました。そして、陛下と教皇との関係はよいキリスト教的理解へと進んでいましたから、陛下は教皇が公会議を招集することを拒まないと確信しておられました。そこで陛下は、陛下と共に教皇によって公会議ができるだけ早く招集されるよう促進し、それに何の障害も起こらないように、慈しみを持って提議されました。

もしその結果がわれわれの述べたようであったなら、われわれは求められる以上に全く従順に、自由でキリスト教的な公会議に参加しようといたしました。それは選帝侯、諸侯、諸議員が、最高最善の動機をもって、陛下の治世に開かれたすべての帝国議会に求めたのと同様です。われわれは陛下と共に、この最も重要な問題について、いろいろな時に正当な方法と形式を踏んで主張し訴えてきました。われわれは引き続きこのことを固守することを宣言いたします。そしてわれわれは、(こうした相違する事柄が、愛と友好とをもって陛下の布告に従って、開かれ、考慮され、調停され、ついにキリスト教的一致に至らせられなければ)この度の、あるいはこれからの、相談にも譲歩はしないでしょう。われわれがここに公に証しし、抗議するとおりです。われわれの、そしてわれわれの側の告白は、以下に一条一条明確に述べられるとおりであります。

信仰と教理の条項

第一条　神について

第一に、われわれはニカイア公会議の決定いわゆるニカイア信条のとおり、一致して次のように教え、また告白する。すなわち、神と呼ばれ、真に神である唯一の神的本質があり、この一つの神的本質の中に、同じように力があり、同じように永遠である、父なる神、子なる神、聖霊なる神の三つの位格がある。これら三つの位格(8)は、すべて一つの神的本質であり、永遠であって、分かたれることなく、終わりなく、無限の力と知恵と善とを持ち、すべての見えるものと見えざるものの唯一の創造者であり、維持者である。そして位格という言葉によって、他のものの一部あるいは属性を意味するものではなく、教父たちが当時この問題においてこの言葉を用いたように、それ自体存在するものを意味している。

それゆえ、この条項に矛盾するすべての異端は排斥される。すなわち、善と悪の二人の神を立てるマニ教徒[9]、ヴァレンティノス派[10]、アレイオス派[11]、エウノミオス派[12]、イスラム教徒[13]、またすべてこれに類するものである。新旧サモサタ派[14]も同様である。彼らはただ一つの位格のみを主張し、みことばと聖霊の二つについては詭弁を弄し、それは別々の位格ではなく、みことばは語られた言葉ないし音声であり、聖霊は被造物の中に起こされた活動であると言う。

第二条　原罪について

更に、われわれは次のように教える。アダムの堕罪以後、自然の理によって生まれるすべての人間は、罪の中にはらまれて、生まれて来る。すなわち、すべての者は母の胎にいる時から悪への傾向と欲とに満ちており、生まれながらには神に対する畏れを持たず、真の信仰を持たない。そしてこの生まれながらの疾病、すなわち原罪（遺伝的罪）は、真の罪である。それゆえこれは、洗礼と聖霊によって生まれ変わらないすべての者に神の永遠の怒りに至る罰をもたらす。

それと共に、原罪は罪ではなく、したがって自分たちは自分の力によってその本性を神に喜ばれるものとなしうると主張し、キリストの受苦と功績とをあなどるペラギウス派[15]などを排斥する。

第三条　神の御子について

同じように、次のように教える。すなわち、子なる神は汚れなき処女マリヤより生まれて人となられた。そして、神性と人性の二つの性質は、一つの位格の中に不可分的に結合して、一人のキリストとなっている。この方は、真の神であって真の人であり、真実に生まれ、苦難を受け、十字架につけられ、死んで葬られた。また彼は単に原罪のためだけでなく、世のすべての罪のためにも供えものとなり、神の怒りを宥められた。このキリストは、陰府《よみ》にくだり、三日目に死人の中より真によみがえり、天に昇られた。そして、神の右に坐し、すべての造られたものを永遠に支配し統治される。また彼を信じるすべての者を聖霊によって聖め、純粋にし、強め、慰め、彼らに生命とあらゆる種類の賜物と善きものとを分け与え、そして悪魔に対し、また罪に対して守り、保護してくださるのである。同様に、同じ主キリストは、使徒信条にあるとおり、終わりの時に生きている者と死んだ者を裁くために公然と来られる。

第四条　義認について

更に次のように教える。われわれは、自らの功績やわざ、償いによって罪の赦しと神のみ前における義を獲得するのではない。むしろ恵みにより、キリストのゆえに、信仰を通して罪の赦しを得、神の前に義となる。すなわち、キリストがわれわれのために苦しみを受けたこと、また彼のゆえにわれわれの罪が赦され、義と永遠の生命が与えられることを信じる信仰を通してである。義となるというのは、このような信仰を神はみ前に義と認め、義と見なされるということである。それは、聖パウロがローマの信徒への手紙の三章と四章に述べているとおりである。

第五条　説教の職務について

このような信仰を得るために、神は福音とサクラメントを与える説教の職務を設定された。神は、これらのものを仲立ちとして聖霊を与えられる。聖霊は、神が欲する時と所において、福音を聞く人々の中に信仰を起こされる。福音は、われわれがそれを信じるとき、自分の功績によってではなく、キリストの功績によって、恵み深い神を持つことを教えるのである。

また、われわれが語られた福音によらず、自らの準備、思考と行為とによって、聖霊を受けると教える再洗礼派やその他の者[16]を異端と宣告する。

第六条　新しい服従について

また、次のように教える。すなわち、そのような信仰は、よい実と、よい行為とをもたらさずにいない。また人は、神が命じられたあらゆる種類のよい行為をなさなければならない[17]。しかし、神のためにわれわれはそれをなすのであって、決してそのような行為に信頼し、それによって神のみ前に恵みを得るためではない。なぜなら、われわれは罪の赦しと義とをキリストを信じる信仰によって受けるからである。それは、キリストご自身が「自分に命じられたことをみな果たしたら、『わたしどもは取るに足りない僕です。しなければならないことをしただけです』と言いなさい」（ルカ一七章一〇）と言われたとおりである。教父たちもそのように教えている。そこで、アンブロシウス(18)も「それゆえ、キリストを信じる者は救われ、行為によってではなく、ただ信仰によってのみ、何の功績もなしに罪の赦しを得ることは、神が定めたことである」と言っている。

第七条　教会とその一致について

また、次のように教える。唯一の聖なるキリスト教会は、常に存在し、存続すべきである。それは、全信徒の集まりであって、その中で福音が純粋に説教され、サクラメントが福音に従って与えられる。

また、キリスト教会の真の一致のためには、福音がそこで純粋な理解に従って一致して説教され、サクラメントが神のみことばに従って与えられるということで十分である。人間によって定められた同じ形式の儀式[19]が、どこででも守られるということは、キリスト教会の真の一致にとって必須ではない。それは、パウロがエフェソの信徒への手紙四章（五、六節）に「体は一つ、霊は一つです。それは、あなたがたが、一つの希望にあずかるようにと招かれているのと同様です。主は一人、信仰は一つ、洗礼は一つ」と言っているとおりである。

第八条　教会の現実について

同じように、キリスト教会はもともと全信徒と聖徒の集まりに他ならないが、しかしこの世にあっては、多くの偽キリスト者や偽善者、また明らかな罪人が、信仰ある人々の中に混ざっているので、不信仰な司祭によって与えられたサクラメントも同じく有効である。それは、キリストご自身が「ファリサイ派の人々は、モーセの座に着いている」（マタイ二三章二）と示されたとおりである。

したがって、これと違った主張をするドナトゥス派[20]や他のすべての者を異端と宣告する。

第九条　洗礼について

洗礼については、こう教える。洗礼は欠くことのできないものであり、それを通して恵みが与えられる。また、嬰児にも洗礼を施すべきである。嬰児は、洗礼によって、神に委ねられ、神に受け入れられる。

それゆえに、嬰児洗礼は正しくないと教える再洗礼派を排斥する。

第一〇条　聖晩餐について

主の晩餐についてはこう教える。すなわち、キリストの真実の体と血とは晩餐におけるパンとぶどう酒の形態のもとに真に現臨し、またそこで分与され、受け取られる。したがって、これに反する教えも排斥する。

第一一条　ざんげ告白について

ざんげ告白については次のように教える。罪の個人的な赦免は、教会において保たれるべきで、廃止されるべきではない。しかし、ざんげ告白においてすべての悪事や罪を数えあげる必要はない。詩編一八編（一九編一三）に「知らずに犯した過ち、隠れた罪」とあるように、それは全く不可能だからである。

第一二条　悔い改めについて

悔い改めについては、次のように教える。すなわち、洗礼後罪を犯した人であっても、悔い改めるなら、いつでも罪の赦しを得られる。また、教会は彼らに対して罪の赦しを拒んではならない。真の正しい悔い改めは、もともと、罪についての痛悔と悲しみと恐怖を持ち、またそれと共に、福音と罪の赦しについて信じることに他ならない。そうすれば罪は赦され、キリストによって恵みが与えられる。この信仰は心を慰め、平安も与える。次いで生活の改善が生じ、また罪から解放される。こうしたことは、悔い改めの実であるはずであって、それは、マタイによる福音書三章（八節）にヨハネが「悔い改めにふさわしい実を結べ」と言うとおりである。

ここにおいて、ひとたび信仰を得たものは再び堕落することはないと教える人々を排斥する。

また、これに反して、洗礼後罪を犯した者に対する赦免を否認するノウァティアヌス派[21]を異端と宣告する。

同様に、信仰によってではなく、われわれの償いの行為によって罪の赦しを得ると教える者たちも排斥する。

第一三条　サクラメントの意味と用法について

サクラメントの意味については、次のように教える。すなわち、サクラメントは外的にキリスト者を識別するしるしであるだけでなく、むしろわれわれに対する神のみ旨のしるしであり証明であって、それによって、われわれの信仰を目覚めさせ、強めるために設定されている。それゆえ、これは信仰を要求する。また信仰において受け取られ、それによって信仰が強められるとき正しく用いられている。

第一四条　教会の秩序について

教会の秩序については次のように教える。誰であろうと正規の召しなしに、教会において公に教えたり、説教したり、サクラメントを与えたりしてはならない。

第一五条　教会の定めについて

人間によって作られた教会の定めについては、特定の祝日や祭日[22]、またそういう類のもののように、罪を犯さずに守ることができ、教会における平和やよい秩序に役立つものは、これを維持するように教える。しかし、そうすることによって、それが救いに不可欠であるというような重荷を良心に負わせるべきではないことを明らかにする。更に、それによって神と和解し、恵みを勝ち得るために人間によって作られたすべての規定と慣習とは、福音とキリストを信じる信仰に関わる教理とに反していることを教える。それゆえ、それによって恵みを獲得しようとしたり、罪の償いをすると夢想されている修道誓願や、祭日の食物や祭日の規定などに関する他の慣習は、役に立たず、福音に反している。

第一六条　国の秩序とこの世の支配について

国の秩序とこの世の支配については、次のように教える。すなわち、この世におけるすべての権威と定められている支配と法律とは、神によって作られ、設定されたよい秩序である。またキリスト者は、政府、諸侯、裁判官の地位に罪を犯すことなく就くことができ、帝国法やその他の法に従って、判断や判決を下し、悪人を剣によって罰し、正しい戦争[23]を行ない、戦い、売買し、求められる宣誓をし、財産を持ち、結婚するなどのことをしてもよい。

ここにおいて、前述のことはいずれもキリスト教的でないと教える再洗礼派[24]を異端と宣告する。

また、キリスト教的完全[25]が、家屋敷、妻や子供を実際に捨てて、前述のようなわざを止めることであると教える者を異端と宣告する。正しい完全とは、まさに神を正しく畏れ、神を正しく信じることに他ならない。というのは、福音が教えるのは外的、この世的なものではなく、内的、永遠的なもの、心の義だからである。また、福音はこの世の支配、国の秩序、結婚生活を否認するのではなく、これらすべてが神の真の秩序として保たれ、またそれぞれの者が召されたところに従い、それぞれの立場において、キリスト者の愛と正しいよい行為を示すことを欲するのである。したがって、キリスト者たちは、政府に従い、罪を犯さないで実行されうるすべてのことにおいて、その命令や法に従う義務がある。しかし、政府の命令が、罪を犯さないでは従うことができないときは、人に従うよりは神に従わなければならない。使徒言行録五章（二九節）。

第一七条　審判のためのキリストの再臨について

また次のように教える。われわれの主イエス・キリストは、最後の日に審判のために来られるであろう。そして、すべての死者をよみがえらせ、信仰ある選ばれた者たちに永遠の命と永遠の喜びを与え、不敬虔な人々と悪魔に地獄と永遠の罰を宣告されるであろう。

それゆえ、悪魔および罪の宣告を受けた人々が永遠の苦痛・苛責を受けるのではないと教える再洗礼派㉖を排斥する。

同様に、ここにおいて、現在もなお現われている多少のユダヤ的な教えも排斥する。それは、死者の復活に先立って、聖徒たち、信仰者たちだけがこの世の国を建て、神を認めない者たちはすべて抹殺されるであろうという教えである。

第一八条　自由意志について

また自由意志については次のように教える。人間はある程度の自由意志を持っており、外的に節度のある生活をし、また理性の把握できる事柄については選択をすることができる。

しかし、人間は、聖霊の恵みや助力、その働きによらないでは神に受け入れられ、心から神を畏れ、信じ、また心の中から生来の悪い欲望を取り除くことはできない。むしろそのようなことは、神のみことばを通して与えられる聖霊によって起こるのである。パウロは、コリントの信徒への手紙一の二章（一四節）に、「自然の人は神の霊に属する事柄を受け入れません」と言っているからである。

ここにおいて何も目新しいことを教えているのではないことを明らかにするために、自由意志をめぐるアウグスティヌスの明らかな言葉を『ヒュポグノスティコン[27]』第三巻から引用しよう。「われわれは、すべての人間に自由意志があることを認める。というのは、すべての者が自然の生まれながらの理解と理性とを持っているからである。それは、神を心から愛したり畏れたりするような、神に関する何事かをすることができるという意味ではない。そうではなくて、ただ外的な、この世のわざにおいて、善悪を選択する自由を持っているのである。善ということによって、わたしは自然の本性によってすることのできることを意味している。すなわち、畑で働いたり働かなかったり、あるいは食べたり飲んだり、友を訪れたり訪れなかったり、衣服を着たり脱いだり、建築したり、妻をめとったり、手仕事をしたり、またそうした類の何か役に立つことや善いことをなすことなどである。これらすべてのことでも、神なくしてはありえないし、行ってはならない。そうではなく、すべてのことが神から出ており、神によっている。それに反して、人間は自分の選択によって悪に着手することができる。すなわち、偶像に膝を屈めたり、殺人を犯したりなどのことをすることができるのである」。

第一九条　罪の原因について

罪の原因については、われわれは次のように教える。全能の神は、すべての自然を造られたし、また保たれるが、それにもかかわらず、罪は、堕落した意志がすべての悪しき者と神を冒瀆する者の中に働くことによって起こる。これは、悪魔とすべて不信仰な者の意志である。神が手を引かれると、この意志はたちまち神から離れて悪へと転じてしまう。それは、キリストがヨハネによる福音書八章（四四節）で「悪魔が偽りを言うときは、その本性から言っている」と言われるとおりである。

第二〇条　信仰とよい行為について

われわれの教師たちは、よい行為を禁じているとして誤った非難を受けている。しかし、彼らの十戒に関する書物やその他の書物は、彼らが正しい、キリスト教的な身分や行為について、善良で有益な説明と勧告をしていることを証明している。以前はこうした事柄についてはほとんど教えられず、あらゆる説教は、たいていロザリオの祈りや聖人崇拝、修道士になること、巡礼、定められた断食、祝日、信心会[28]など、子供じみた不必要な行為を勧めていた。そうした不必要な行為は、われわれの相手も、もはや以前のようには称揚してはいない。更に、彼らは、以前には全く説教しなかった信仰について、今は語ることを学んだ。そして彼らは今、人はただ行為のみによって神の前に義とされるとは教えず、それにキリストを信じる信仰を加えて、信仰と行為とがわれわれを神のみ前に義とすると言う。このような言葉は、ただ行為に寄り頼むようにと教えられるだけであるよりも、いくぶんかは多くの慰めをもたらすであろう。

信仰に関わる教理は、キリスト教的生活において最も重要なものであるが、誰もが告白せざるをえないように、長い間教えられることもなく、ただ行為の教理のみがあらゆる所で説かれたので、このことについては、われわれの教師たちによって、次のように教えられている。

第一に、われわれの行為は、われわれを神と和解させたり、恵みを獲得したりすることはできない。それはむしろ、われわれが、父なる神と和解させる唯一の仲保者であるキリストのゆえに罪が赦されることを信じるとき、その信仰によってのみ生じるのである。これを行為によってなしとげ、恵みを獲得することができると夢想する者は、キリストをあ

など り、福音に反して神への自己流の道を求めるのである。

信仰に関わる教理は、パウロによって多くの個所で明白に示されている。とりわけエフェソの信徒への手紙二章(八、九節)には、「事実、あなたがたは、恵みにより、信仰によって救われました。このことは、自らの力によるのではなく、神の賜物です。行いによるのではありません。それは、だれも誇ることがないためなのです」と記されている。また、ここで何も新しい理解を導入したのではないことは、アウグスティヌスの書物から証明することができる。彼は、このことを熱心に論じ、また教えて、われわれはキリストを信じる信仰によって恵みを得、神のみ前に義とされるのであって、行為によるのではないと述べた。それは、彼の『霊と文字』の書全体が証明しているとおりである。

さて、この教理は、事をわきまえない人々の間では大いに蔑まれているが、実は、打ちひしがれ、恐れおののく良心にとっては非常に大きな慰めとなり救いとなるものである。なぜなら、良心が安心と平安とに至ることができるのは、行為によってではなく、キリストゆえに恵みの神を持つと堅く信じる信仰のみによることだからである。パウロもローマの信徒への手紙五章(一節)に「このように、わたしたちは信仰によって義とされたのだから、わたしたちの主イエス・キリストによって神との間に平和を得て」いると言っているとおりである。

このような慰めは、以前には説教において聞かれなかった。むしろ、哀れな良心は、自分の行為へと駆り立てられ、あらゆる種類の行為がなされたのである。ある者は、自分の良心によって修道院へ駆り立てられ、修道生活によって恵みを勝ち取ることができると期待した。ある者は、恵みを獲得し罪の償いをするための他の行為を考え出した。その多くのものは、そのような手段によっては平安に至らないことを彼らに体験させた。したがって、このキリストを信じる信仰を説教することは必要であり、また人々が神の恵みは功績によらず、信仰のみによって得られることを知るように熱心に努める必要があった。

また次のように教示する。すなわち、ここで語られているのは、悪魔や不信仰者も持つことのできるような信仰についてではない。キリストが苦しみを受け、死人の中からよみがえられたのが事実なら、彼らもそれを信じる。しかしここでは、われわれがキリストによって恵みと罪の赦しを得ることを信じる真の信仰について語られているのである。

さて、キリストによって恵みの神を持つことを知る者は、またこうして神を知り、神に呼び求めるのであり、異邦人のように神なしにあるのではない。というのは、悪魔と不信仰者は、罪の赦しに関する条項を信じないからである。だから彼らは神に敵対しており、神に呼び求め、神からよいものを望むことはできない。それゆえ、今指摘されたように、聖書は信仰について語るが、悪魔や不信仰な人たちが持つような知識を信仰と言っているのではない。だから、ヘブライ人への手紙一一章（一節）も、信仰についてこう教えている。すなわち、信仰は単に事実だけを知ることではなくて、神に信頼し、その約束の成就を受け取ることである。またアウグスティヌスも、われわれは聖書における信仰という言葉を神への信頼を意味することとして、また神がわれわれに恵み深くありたもうことへの信頼であって、悪魔も知っているような、そのような事実を知るだけではないことを理解しなければならないと指摘するのである。

更に次のように教える。すなわち、よい行為はなされるべきであるし、なされなくてはならない。われわれが、それによって恵みを獲得するようにそれに依存するからではなくて、神のみ旨を行ない、また神を褒め称えるためである。常に信仰だけが恵みと罪の赦しを把握する。そして、信仰によって聖霊が与えられるときに心はよい行為をするように動かされる。それ以前、すなわち聖霊がないときには、心は弱すぎる。それだけでなく、悪魔の力の中にある。悪魔は、哀れな人間性を多くの罪へと駆り立てる。そのことは、立派な非のうちどころのない生活をしようと試みるが成し遂げることができず、むしろたくさんの明らかな罪の中に陥ってしまった哲人たちの中に見られるとおりである。それは、人間が聖霊によらず、正しい信仰を持たないで、ただ自分の人間的な力によって律しようとするときに人間の中に起こることなのである。

それゆえ、信仰に関わるこの教理は、よい行為を禁じるものとして非難されるべきではなく、むしろよい行為がなされるべきであると教え、またどのようにそれがなされうるかということに対して助けを与えるものとして称讃されるべきである。というのは、信仰なしには、またキリストなしには、人間の本性や能力はあまりにも弱く、よい行為を行い、神を呼び求め、苦しみに堪え、隣人を愛し、命じられた職務に熱心に従事し、服従し、悪い欲望を避けるなどのことをなしえないからである。そうした崇高で正しい行為は、キリストの助けなしには成し遂げえない。それは、主ご自身がヨハネによる福音書一五章（五節）で「わたしを離れては、あなたがたは何もできないからである」と言われるとおりである。

第二一条　聖人に対する崇敬について

聖人に対する崇敬については、われわれは次のように教える。われわれは、聖人を覚えるべきである。それによって、いかに恵みが彼らに与えられたか、またいかに信仰によって彼らが助けを与えられたかを知って、われわれの信仰を強めるためである。更に彼らのよい行為は、われわれがそれぞれ自分の召しに応じてする行為の模範となる。それはあたかも、皇帝陛下がトルコに対する戦いをするにあたり、ダビデの例に従い、祝福された敬虔な仕方でされるようにである。というのは、いずれも、民を守り、保護することを求める王たる職務に就いているからである。しかし、聖人に呼び求め、あるいは彼らに助けを求めなければならないということを聖書によって証明することはできない。「神は唯一であり、神と人の間の仲介者も、人であるキリスト・イエスただおひとりなのです」、テモテへの第一の手紙二章（五節）。この方は、唯一の救い主、ただ一人の大祭司、恵みの座、また神に対する弁護人であられる、ローマの信徒への手紙八章（三四節）。そして、この方のみが、われわれの祈りを聞こうと約束してくださったのである。このイエス・キリストに、あらゆる危急の際に、心から切なる願いをし、呼び求めることは、聖書によれば最高の神礼拝である。「たとえ罪を犯しても、御父のもとに弁護者、正しい方、イエス・キリストがおられます」（Ｉヨハネ二章一）。

以上が、われわれの諸教会において、正しいキリスト教教育と良心の慰めのため、また信仰者の向上のために、説教され、教えられている教理の概要であります。もとよりわれわれは、われわれ自身の魂と良心とを神のみ名やみことばの乱用によって、神のみ前に最大の危険に陥れようとは思いませんし、またわれわれの子供たちや子孫に、純粋な神のことばやキリスト教の真理にかなうところとは異なる教理を残し、伝えようとは思いません。更に、この教えは明らかに聖書に基づいており、また公同的キリスト教会に、また教父たちの書物によって知られる限りローマ教会に対しても、背いたり反したりしているのではありません。したがってわれわれは、われわれの相手方も前述の諸条項について、われわれに同意しないわけにはいかないと考えます。それゆえ、あたかもわれわれの教えが異端であるかのように、それを拒否し、避け、離れようとするのは、不親切で軽率な行為であって、すべてのキリスト者の一致と愛とに反しており、神の命令や、聖書の確かな基礎によっていないのです。相違や論争は、主として若干の伝統や悪習に関するものです。したがって、主要な信仰箇条について根拠のないものは何もなく、また不足もありませんし、このわれわれの信仰告白が敬虔なキリスト教的なものである以上、伝統的なことについてはわれわれの中に欠けているものがあったとしても、司教たちは公平に、もっと寛大に扱うべきであります。もっとも、われわれは、なぜわれわれの中である種の伝統や悪習を変えたかという、確かな根拠と理由を提示しようと思っています。

分裂のある事柄についての条項。悪習について検討を加え、それを正したもの。

このように、信仰箇条については、われわれの教会は、聖書あるいはキリスト教会一般に反して教えてはおらず、ただいくらかの乱用を正したにすぎません。そのあるものは、時と共に入り込んで来たものであり、またあるものは、権力によって打ち建てられました。われわれはこれらのことについて説明し、またなぜここで是正を認めたかという理由を示すことが必要となったのです。それによって、陛下は、われわれが非キリスト教的にあるいは粗野に振舞ったのではなく、まさにすべての習慣にまさって尊重されるべき神の命令によって、このような変更を許さざるをえなかったことを知られるでありましょう。

第二二条　二種陪餐について

われわれは、次の理由から、聖餐の二種の形態（パンとぶどう酒）を信徒に与える。これは、マタイによる福音書二六章（二七節）に「皆、この杯から飲みなさい」とあるとおり、キリストの明らかな命令であり、戒めである。ここでキリストは、杯について明らかなみことばをもって、彼らすべてがそれから飲むようにと命じられた。そして、これによって誰も、これが司祭にのみ当てはまるかのように、この言葉を反駁したり注解したりすることができないように、パウロはコリントの信徒への手紙一の一一章に、コリントの教会の全会衆が両形態を用いたことを示している。そして、このような用い方は、長い間教会の中に保たれて来たのであって、歴史や教父たちの文書によって証明できるとおりである。キュプリアヌス(29)は、当時杯が信徒に与えられたことを多くの個所で指摘している。同様に、聖ヒエロニュムス(30)も、聖餐を与える司祭は人々にキリストの血を分配するのであると語っている。教皇ゲラシウス(31)自身、聖餐を分割してはならないと命じた（『ゲラシウス教令』命題二『聖別について』）。また、ただ一つの形態のみを受けるように命じた教会法は、どこにも見いだすことができない。枢機卿クザーヌス[32]だけは、この用法がいつ認められたかを示唆してはいるが、ただ一つの形態のみを受けるという習慣が、いつ、また誰によって始まったかは誰も知らない。神の命に反し、また古い教会法に反して導入されたこのような習慣が不正であることは、明らかである。したがって、キリストの設定にしたがって聖餐を用いようと望む者の良心に重荷を負わせ、われわれの主キリストの定めに反して行なうように強いるのは適当でない。また聖餐を分割することは、キリストの設定に反するのであるから、習慣的な聖体行列[33]もわれわれは廃止する。

第二三条　司祭の結婚について

世界を通じて、身分の高低を問わずあらゆる人々の間で、司祭たちの度外れな放埒さとすさんだ振る舞いや生活については強い非難がある。彼らは純潔を守ることができず、おそるべき不道徳にすっかりはまり込んでいる。そうした多くの忌まわしく醜い醜聞や、姦通などの不品行を避けるために、われわれの司祭たちの中には、結婚生活に入った者がいる。彼らがその理由として挙げていることは、自分の良心の深い悩みから、まことにやむをえずこのようにせざるをえなかったし、そのように動かされたということ、また、結婚状態は、不道徳を避けるために主なる神によって設定されたことを聖書がはっきりと指摘しているということである。それは、パウロが「しかし、みだらな行いを避けるために、男はめいめい自分の妻を持」つように（Ⅰコリント七章二）と言い、また「情欲に身を焦がすよりは、結婚した方がましだからです」（Ⅰコリント七章九）と言っているとおりである。その上、マタイによる福音書一九章（一一節）で「だれもがこの言葉を受け入れるのではな」いと言われたとき、人間の本性をよく知っておられたキリストは、独身生活をすることのできる賜物を持っている人は少ないことを示されたのである。「（神は人を）男と女に創造された」、創世記一章（二七節）。神の特別な賜物や恵みなしに、人間の決心や誓約によって、いと高き主なる神の創造をかってに訂正したり変更したりする力や能力が人間の中にあるかどうかを経験はきわめて明確に示したのである。多くの場合、まじめで貞潔な生活から、キリスト教的で、尊敬すべき、あるいは忠実な行動から、どんなよいことが結果として出て来たであろうか。多くの人が臨終に際して、いかに恐るべき忌まわしい良心の不安と苛責とをこのために経験してきたことだろうか。それは歴然としており、多くの人が自ら告白しているとおりである。神のことばと戒めとは、どのような人間の誓願や法律によっても変更されえないので、司祭など聖職者たちは、こうした理由と他の理由や原因から妻をめとったのである。

かつてはキリスト教会において、司祭や執事は結婚していることが一般の習慣であったことは、歴史からも教父たちの著作からも実証される。それゆえ、パウロはテモテへの手紙一の三章（二節）で「だから、監督は、非のうちどころがなく、一人の妻の夫であり」と言っているのである。ドイツでは司祭たちが結婚状態から独身誓願をするように力で強制(34)されたのは、わずかに四百年前のことでしかない。当時、この新しい教皇の教令を公にしたマインツ大司教が、司祭全体の叛乱の中であやうく殺されそうになったほど、重大で手強い反対があった。この結婚禁止の教令は、唐突に施行され、あまりにも性急にまた無法に強制されたので、当時の教皇は司祭に以後の結婚を禁じただけでなく、すでに長い間結婚生活にあった者をも引き裂いたのである。これはまさに、単に神の法にも自然法にもこの世の法にも反するだけでなく、教皇たち自身がつくった教会法にも最も有名な教会会議の決定にも全面的に違反し、矛盾するものである。

高い地位にある敬虔で有識の多数の人が、同じような意見を持ち、憂慮の念を表明した。すなわち、結婚は、神ご自身が設定し、人間の自由にまかせられたものであるから、そのようにして強制された独身やそうした結婚の禁止は、何のよいことも決して生み出さないし、むしろ多くの重大で悪質な不道徳と多くの醜聞を生む機会を与えるというのである。ピウス二世(35)のような教皇でさえ、その伝記が示すようにしばしば次のように言い、またそれを記させている。すなわち、司祭たちの結婚を禁止すべき理由が以前はあったかもしれないが、今は彼らに再び結婚を許すべき、はるかに高い、大きな、また重大な理由があると述べたのである。教皇ピウスが、慎重で思慮深い人として大きな憂慮からこのように語っていたことは疑いない。

それゆえわれわれは、最も高名なキリスト教皇帝である陛下には、聖書が告げているように、この終わりの時代、終わりの日には、この世はますます悪くなり、人々はますます堕落して無力になっている事実をよくお考えいただけるものと望んでいる。

したがって、結婚の禁止が、更に悪い、更に恥ずかしい淫蕩と不道徳とをドイツ全土に行きわたらせることにならないように考え、深く洞察することは、最も必要かつ有効であり、またキリスト教的である。なぜなら、誰も神ご自身にまさって賢くあったり、このような事柄をよりよく変えたり、作ったりすることはできないからである。神は人間の弱さを助け、不道徳を抑制するために、結婚生活を定められたのである。

そこで古い教会法も、人間の弱さのために、またより大きな悪を防止し避けるために、時として厳格さや厳正さを和らげ、緩める必要があると述べているのである。

このような場合には、緩和は確かにキリスト教的であり、また切に必要とされている。司祭や教職者たちの結婚、とりわけ牧師やその他教会に奉仕する人たちの結婚生活が、どうしてキリスト教会一般にとって不利になるのであろうか。もしこの厳しい結婚禁止が更に続くとすれば、将来司祭や牧師が払底するであろう。

したがって、司祭や教職者たちが結婚できるということは、神のことばと命令に基づいているのである。その上歴史は、司祭たちが結婚していたことも、また独身の誓願は多くの厭うべき非キリスト教的つまずき、多くの姦淫、耳にしたこともないような恐るべき不道徳や忌まわしい悪徳の原因であったことも示している。そこで、司教座聖堂付司祭やローマ教皇庁の人々の中にさえ、しばしばこのことを認める正直な人々があり、聖職者の中でのそうした悪徳がその忌まわしさと伝播力のゆえに神の怒りを引き起こさざるをえないことを嘆いてきた。キリスト教的結婚生活が禁止されただけでなく、聖書において神が結婚生活を尊び守るよう命じられたにもかかわらず、それが大きな悪行でもあるかのように、所によっては直ちに罰を下されてきたのは、まことに嘆かわしいことである。結婚生活は、帝国法においても法律と正義とがあるすべての国においても、高く賞讃されてきた。ただ今の時代にだけ、単に結婚しているというだけで、罪なき人々を、とりわけ他の誰よりも立派であるはずの司祭たちを迫害し始めたのである。そしてこれは、神の律法に反するだけでなく、教会法にも違反している。使徒パウロは、テモテへの手紙一の四章（一、三節）で結婚を禁じる教えを悪魔の教理と呼んでいる。キリストご自身も、ヨハネによる福音書八章（四四節）で悪魔は初めから人殺しであると言われる。これら二つの叙述は全く符合して、結婚を禁じるのは悪魔の教理に違いなく、悪魔はそのような教えを流血によっても保持しようと敢えてすることを示している。

しかし、いかなる人間の法律も神の命令を変えたり廃棄したりできないように、いかなる誓願も神の命令を変えることはできない。それゆえ聖キュプリアヌスは、独身の誓願を守ることのできない女性は結婚すべきだという勧めをした。そして書簡一一で「しかし彼らがその独身を守ることを望まず、あるいはそれができないのなら、欲情によって火に陥るよりも結婚したほうがよい。こうして、兄弟姉妹たちにつまずきの機会を与えないように注意すべきである」と述べている。

それに加えて、すべての教会法は、非常な寛大さと公平さとを年端もいかないうちに誓願を立てた人々に対して示している。大多数の司祭や修道士たちは、まだ若いときに何も知らずにこのような身分に入ったからである。

第二四条　ミサについて

人々は不当にも、われわれがミサを廃止したといって非難している。誇るわけではないが、われわれの間でもミサは敵対者たちの間におけるよりも、いっそう大きな敬虔さと真剣さをもって守られていることは明らかである。その上、聖餐についてきわめて念入りに、なぜそれが設定されたのか、すなわちいかにそれが打ちひしがれた良心に対する慰めとして用いられたのかを人々に繰り返し教えている。それによって、人々が聖餐の交わりとミサに集まって来るためである。加えて、人々はサクラメントに関する他の誤った教えについても教示されている。さしあたり公のミサの儀式においては、人々に教え、訓練するために、いくつかの部分でドイツ語の賛美歌がラテン語の歌に加えて歌われることを除いては目立った変化は何も生じていない。なぜなら、すべての儀式の主要目的は、人々がキリストについて知る必要があることを学ぶのに役立つことだからである。

しかし、しばらく前からミサは多くの方法で乱用されるようになってきた。すなわち、それを歳の市としてしまい、売ったり買ったりし、あらゆる教会で大部分は金銭次第で守られてきたことは明らかである。そのような乱用は、この時代以前にも、教養のある人々や信仰深い人々によってしばしば非難されてきた。[36] さてわれわれの説教者たちがこうしたことについて説教し、司祭たちがそれぞれのキリスト者に公平に関わる恐るべき責任、すなわち聖餐を不当に用いる者は誰でもキリストの体と血とを犯す（Ⅰコリント一一章二七）ことを思い起こさせたとき、それまで金銭や聖職禄のためにやむなく行なわれていた金銭次第のミサや私誦ミサ[37]は、われわれの教会においては続けられなくなったのである。

それと同時に、われわれの主キリストがその死によって贖いをされたのは、ただ原罪のためだけであって、他の罪のための犠牲としてはミサが設定されたのであると教えるような、忌むべき誤りが非難されたのである。そのような教えによって、ミサは、生きている者と死んだ者のために、罪を取り除き神との和解をもたらすための犠牲に変えられた。そのことから更に、多くの人のために守られるミサが、個人のために守られる特別なミサと同様の効力を与えるのかどうかという論議が生じた。このことから、数えきれないほどのミサの増加がもたらされた。人々はそれを守ることによって、必要とするあらゆるものを神のもとで獲得することを期待したのである。それに伴い、キリストへの信仰や正しい神礼拝は忘れられてしまった。

それゆえ、疑いもなくこのような状況の必要に応じて、人々が聖餐はいかに正しく用いられるべきであるかを知るために、この問題についてはこう教える。第一に、聖書は多くの個所でキリストの唯一の死以外に、原罪と他の罪に対する犠牲はないことを証ししている。というのは、ヘブライ人への手紙の中には（一〇章一〇、一四）、キリストはご自身をただ一度限り捧げられ、この捧げ物によってすべての罪のための償いとされたことが記されているからである。キリストの死が、ただ原罪のための償いをしただけで、他の罪のためにも償いとなったのではないと言うことは、教会の教理においてかつてない新奇なものである。したがって、この誤りが不当に非難されているのではないことを種々理解することが望まれる。

第二に、聖パウロは、われわれが神のみ前に恵みを与えられるのは信仰によるのであって、行為によるのではないと教えている。恵みをこの行為によって獲得すると考えるようなミサの誤用は、明らかにこの教えに反している。すなわち、ミサが罪を取り除き、恵みとあらゆるよいものを神のもとで獲得するために、司祭自身のためだけでなく全世界のためにも、また、生きている者、死んだ者など他のすべての者のためにも、用いられていることは、人々が知っているとおりである。

第三に、この聖餐は、罪を贖うための犠牲を備えるために設けられたのではない（というのは、その犠牲はすでに捧げられたからである）。むしろ、われわれの信仰がそれによって覚醒され、良心が慰められるためである。それは聖餐を通して恵みと罪の赦しとがキリストによって約束されることを認めることである。したがって、聖餐は信仰を必要とするし、信仰なしには用いられても無益である。

そこでミサは、生きている者であれ死んだ者であれ、他の人々から、その罪を取り除く犠牲であるのではなく、司祭も他の者もそこで自分自身のために聖餐を受けるべき共同（交わり）の儀式であるので、われわれの間では次のような方法で守られている。すなわち、祝祭日に、あるいはまた他の日にも、陪餐者が出席しているとき、ミサが守られ、それを望む者は聖餐にあずかる。こうして、ミサはわれわれの間で正しい方法で守られている。それは以前に教会において守られていたとおりであり、また聖パウロのコリント信徒への手紙一の一一章（二〇節以下）から、またそれについて多くの教父たちが書いた文書から確かめることができるとおりである。たとえば、クリュソストモス[38]は、司祭が日毎に立って、ある者には聖餐にあずかるように招き、またある者にはこれに近づくことを禁ずべき方法について語っている。古い教会法も一人の人が司式して、他の司祭や執事たちに配餐するよう指示している。だから、ニカイア公会議の教令の言葉にも、「執事たちは司祭たちの後で、司教あるいは司祭から順に聖餐を受けるべきである」と記されている。

それゆえ、昔から教会の中に存在していなかった新奇なことが導入されたのではないし、共同ミサの他に、いわば乱用によって守られてきた他の不必要なミサが廃止されただけで、ミサの公の儀式に何ら目立った変更もなされていないのだから、このようにミサを守る仕方は、公平に見て異端あるいは非キリスト教的であると非難されるべきではない。過去においては、多くの人が出席した大きな教会においても、ミサは毎日は行なわれなかった。『教会史三部作』[39]の第九巻が示すとおりである。すなわち、アレキサンドリアにおいては、人々は水曜日と金曜日に集まり、聖書を読み、解き明かした。そしてこうした礼拝はすべてミサなしに守られたのである。

第二五条　ざんげ告白について

ざんげ告白は、われわれの側の説教者たちによって廃止されてはいない。あらかじめ吟味され、罪の赦しを受けた者でなければ、聖餐を与えないという習慣は、われわれの中にも保たれている。同時に人々は、赦しのみことばがどんなに慰めになるか、また赦しをどんなに大切で貴重なこととしなければならないかを熱心に教えられている。というのは、罪を赦すのはそこにいる人間の声や言葉ではなく、神のことばであるからである。それは神に代わって、また神の命令によって語られるからである。この命令や鍵の権能について、それが悩める良心にとっていかに慰めに満ちたものであるか、いかに必要なものであるかが、念入りに教えられている。更に神がこの赦しを信じることをいかに求めておられるのか、それはあたかも天から神のみことばを聞くようでなければならないことも教えられている。またわれわれは、赦しは喜ばしい慰めとして受け、このような信仰によって罪の赦しを与えられることを知るように、教えられている。これまでは、告解（ざんげ告白）の守りかたについて多くのことを教えた説教者も、こうした肝要な事柄については一言も触れず、ただ長い罪の列挙、償い、免償、巡礼やそうした類のことによって、良心を苦しめたのである。われわれの多くの敵対者たちも自ら、これまで長い間なされてきたよりもはるかに適切な方法でわれわれが真のキリスト教的悔い改めについて書き、また行なっていることを認めている。

ざんげ告白についてわれわれは、誰も罪をいちいち数え上げるように強いられてはならないと教える。というのは、それは不可能だからである。詩編が「知らずに犯した過ち、隠れた罪」（一九編一三）と言っているとおりである。エレミヤも「人の心は何にもまして、とらえ難く病んでいる。誰がそれを知りえようか」（一七章九）と言っている。惨めな人間の本性は、あまりにも深く罪に染まっているので、それをことごとく認めることも、知ることもできない。そしてもし、われわれが数え上げることができるものについてだけ赦されるとしたら、それはわれわれにはほとんど何の助けにもならないだろう。それゆえ、人々にその罪を細かく数え上げることを強いる必要はない。それが教父たちの見解でもあることは、『悔い改め』の命題一に見られるとおりであって、そこにはクリュソストモスの次のような言葉が引かれている。「わたしは、あなたが自らを公然と表せとも、他の人の前で自らを告発したり、有罪と認めたりせよとも言わない。ただ、『あなたの道を主にまかせよ』（詩編三七編五）という預言者の言葉に従いなさい。それゆえ、真の審判者であり主である神にあなたの祈りとともに告白しなさい。あなたの罪を、舌をもってではなく、良心をもって神に告げなさい」。ここで明らかに見られることは、クリュソストモスが詳細な罪の列挙を求めてはいないことである。『悔い改め』の命題五の注は、同様にこのざんげ告白は聖書によって命じられてはいないが、教会によって定められたものであることを示している。しかもわれわれの側の説教者たちは、ざんげ告白が、その主要な、最も重要な部分である赦しのために、悩める良心のために、更にはその他の理由のために、保たれるべきだと熱心に教えているのである。

第二六条　食物の区別について

以前は、食物の区別や人間によって定められたそれに類する伝承が恵みを獲得し、罪を償うために役立つと人々は教え、説教し、書いていた。このような理由から、新しい断食や新しい儀式、新しい修道会、またそうした類のものを日毎に発明し、熱心にまたしきりに奨励したのであった。あたかも、これらは必要な神奉仕であって、もしこれらを守るなら、それによって恵みを勝ち取るし、守らないなら大罪を犯すかのようであった。このようなことから、教会の中に多くの有害な誤りが生じたのである。

第一に、キリストの恵みと信仰に関わる教えとが、これによって曖昧になる。それをこそ福音は熱心にわれわれに勧めるのであり、またわれわれがキリストの功績を大きな、貴重なものとして扱うように、またキリストに対する信仰がすべての行為よりはるかに優れたものとして尊ばれるべきことを知るように、強く促すのである。それゆえに聖パウロは、モーセの律法や人間の伝承に対して激しく戦ったのである。そこでわれわれは、自分の行為によってではなく、ただキリストを信じる信仰によってのみ神のみ前に正しくなること、また、キリストのゆえに恵みを得ることを学ばなければならない。このような教えは、恵みが一定の断食や食物、祭服などの区別によって得られると教えてきたことによって、ほとんど全く消失してしまったのである。

第二に、このような伝承も神の戒めを曖昧にした。というのは、人々がこのような伝承を神の戒めよりもはるかに高く据えたからである。こういうことだけが、キリスト教的生活であると人々は考えた。すなわち、誰でもこのような方法で祝日を守り、このような方法で祈り、このような方法で断食し、このような方法で着る者は、霊的でキリスト教的な生活をするのだと言われたのである。反面、他の必要なよい行為は、世俗的で非宗教的なものであると考えられた。すなわち、誰もが自分の召しに従ってなすべき行為、たとえば、夫がその妻子を養い、神への畏れに向けて養育するために働くとか、主婦が子供を産み、世話をするとか、また諸侯や権威の任にある者が領土と人々を治めるとかいったことである。このような行為は、神によって命じられたものであるが、世俗的で不完全なものであるとされ、一方、伝承はそれだけが聖く完全な行為であるという魅惑的な名を持つものとされたのである。したがって、そういう伝承が、何の限度も果てもなく作り出されたのである。

第三に、そうした伝承は、堪えがたい良心の重荷になってしまった。というのは、すべての伝承を守ることは不可能だからである。しかも、人々はそれが必要な神奉仕であると思い込んでいた。そこでジェルソン(40)は、多くの人たちがこのために絶望に陥り、ある者は自殺さえしたとしている。というのは、彼らはキリストの恵みから来る慰めについて何も聞かなかったからである。そこで「大全(41)」著者や神学者の著述を見れば、いかに良心が混乱させられているかが分かる。彼らは諸伝承をつき合わせて、良心を助けるために緩和しようと努めた。しかし彼らはそのことに没頭して、信仰について、厳しい試練の中での慰めについてとか、そうした類のもっと必要な事柄について、有益なキリスト教的な教えを全く無視してしまったのである。これについては、以前にも敬虔で学識ある多くの人が、そのような伝承が教会の中に多くの論争を引き起こしたこと、またそれによって敬虔な人々がキリストに関する正しい認識に至るのを妨げられたことをたいへん嘆いている。ジェルソンやその他多くの人も、このことについて強く訴えた。確かにアウグスティヌスも、人々が良心にあまりにも多くの伝承の重荷を負わせることを喜ばなかった。したがって彼は、この問題について人々はこれを必要な事柄と考えるべきではないと勧告したのである。

それゆえ、われわれの教師たちは、これらのことについて不当に教えているわけでも、霊的権威を軽蔑して教えているわけでもない。むしろ大きな必要性に迫られて、伝承の誤解から生じてきた先に挙げたような誤りについて指示を与えているのである。というのは、福音は、教会において信仰に関わる教えが強調されるべきであり、またそうでなければならないように強いるからである。しかしそれは、もし恵みが自分で選んだ行為によって勝ち取られるように考えるなら、理解されることはできない。

またこのことについては、前述の人間的伝承を守ることによっては、恵みを勝ち取ることはできないし、神と和解することも罪を贖うこともできないことが教えられている。したがって、こうしたことが必要な神奉仕とされてはならない。その理由を聖書から引くことができる。キリストはマタイによる福音書一五章（一―二〇節）において、使徒たちが習慣となった伝承を守らなかったとき、彼らを弁護される。そしてその時、「彼らは人間の戒めをもって、空しくわたしを拝んでいる」と言われた。キリストがこれを空しい礼拝と呼ばれるのであるから、それは必要なものではありえない。またそのすぐ後に「口に入るものは人を汚さ」ない（マタイ一五章一一）と言われる。同様にパウロもローマの信徒への手紙一四章（一七節）で「神の国は飲み食いではない」と言い、コロサイの信徒への手紙二章（一六節）で「あなたがたは食べ物や飲み物のことで……誰にも批評されてはなりません」などと述べている。使徒言行録一五章（一〇―一一節）では、ペトロは「それなのに、なぜ今あなたがたは、先祖もわたしたちも負いきれなかったくびきをあの弟子たちの首に懸けて、神を試みようとするのですか。わたしたちは、主イエスの恵みによって救われると信じているのですが、これは、彼ら異邦人も同じことです」と言っている。ここにおいてペトロは、それがモーセのものであれ他のものであれ、多くの外的儀式をもって良心に重荷を負わせないように命じているのである。またテモテへの手紙一の四章（一、三節）には、食物を禁じたり、結婚を禁じたりするような命令は、悪魔の教えと呼ばれている。というのは、それによって罪の赦しを獲得するために、あるいはそのような奉仕をしない者は誰もキリスト者ではありえないかのように、そのような行為を定め、行なうことは、福音とは正反対のことだからである。

われわれの教師たちが、ヨウィアヌス[42]のように禁欲や規律を禁じていると人々は非難しているが、彼らの書物からはそれが全く違っていることが分かる。というのは、彼らはキリスト者が堪え忍ばなくてはならない聖なる十字架についていつも教えてきているのであって、これこそが虚構の禁欲ではなく、正しく真面目な禁欲なのである。

更に、同様に誰でも断食やその他の働きのような身体的な訓練をもって自制しなければならないと教えている。そのような行為によって恵みを獲得するのではなく、罪に機会を与えないためである。このような身体的訓練は、ある特定の日に限られるのではなく、いつでも続けて行なわれなくてはならない。このことについてキリストは、ルカによる福音書二一章（三四節）で「放縦や深酒や生活の煩いで、心が鈍くならないように注意しなさい」と言い、また「この種のものは、祈りによらなければ決して追い出すことはできないのだ」（マルコ九章二九）と言われた。またパウロは、自分の体を打ちたたいて服従させると述べた（Ⅰコリント九章二七）。それによって、禁欲の目的は恵みを勝ち取ることではなく、それぞれが自分の召しに従ってするように求められていることを支障なく果たすことができるように、整えられた身体を保つためであることを示した。したがって、否定されるのは断食ではなく、特定の日にまた特定の食物を差し控えることが必要な奉仕であるとして、良心を困惑させることなのである。

われわれの側でも、教会における秩序を保つために役に立つ、ミサの順序やその他の讃歌や祝日など、多くの儀式や伝承を守っている。しかしそれと共に、人々に対して、そのような外的な神礼拝が神のみ前に人を義とするのではないこと、またそれは良心の咎めなしに守られなくてはならないこと、すなわち人をつまずかせない限り、それをしなくても罪ではないことが教えられている。外的な儀式に関するこのような自由さは、古代の教父たちも保っていた。たとえば、東方では、ローマとは違う時に復活祭が守られた。そしてある人たちが、この相違を教会の分裂と考えた時、他の人たちによって、このような習慣を同じように守ることは必要なことではないと戒められたのである。そのようなわけで、エイレナイオス(43)は「断食についての不一致は、信仰の一致を分断しない」と言っている。また（教令集）第一二命題に、人間の定めにおけるそうした不一致について、それはキリスト教界の一致と矛盾するものではないと記されている。また『教会史三部作』第九巻は、教会の異なる習慣に関する多くの実例を集めて、それに有益なキリスト教的注意を次のように与えている。「使徒たちの意図は、祝日を設定することではなくて、信仰と愛とを教えることであった」と。

第二七条　修道誓願について

修道誓願について述べようとするなら、これまでそれがどのように取り扱われてきたのか、修道院においてどのような生活があったのか、また神のことばに反するだけでなく教皇の法にも違反することが、毎日そこでなされていた事実をまず考えることが必要である。聖アウグスティヌスの時代には、修道生活は任意のものであった。その後、正しい規律や教理が堕落したとき、人々は修道誓願を考え出し、いわば勝手に案出した牢獄を用いて、規律を回復しようと試みたのである。

この修道誓願に加えて人々は他にも多くのことを案出し、そのような足枷や重荷を多くの人にまだ成年に達する以前に負わせたのである。

そして、多くの人が無知なまま修道生活に入って行った。彼らは、たとえ幼なすぎはしなかった場合でも、十分に自分たちの能力を判断したり、理解したりしていなかった。こうして誘いこまれ、巻き込まれたすべての人が、教皇の法令でさえも彼らの中の多くの者を自由にしたであろうに、そこに留まるように強要され、強制された。これは、より弱い者としての女子に対してはもっと配慮されてもよいように見えるのに、男子の修道院より女子の修道院の方がもっと厳格であった。そうした厳格さ、厳しさが、過去において多くの敬虔な人々にも不満を与えた。というのは、彼らは男の子も女の子も、生計のために修道院に投げ込まれることをよく知っていたからである。彼らはまたこのようなやり方からどんな悪が生じたか、どんなつまずきや、どんな良心の重荷がもたらされたかを見たのである。そして、多くの人は、このような危険な問題について教会法が全く考慮されていないことを嘆いた。その上、人々は、いささかの理解のある多くの修道士たちからも明らかに不評を蒙ったような修道誓願に関する見解を持っていたのである。

というのは、彼らは、修道誓願は洗礼と同様の位置に置かれるべきであり、修道生活によって罪の赦しと神の前での義も勝ち得るといったことを主張したのである。否、それだけでなく、彼らは、修道生活によってただ義と敬虔とを勝ち得るだけでなく、それによって福音の中に含まれている戒めと勧告とが守られる、と付け加えた。このようにして修道誓願は、洗礼以上に高く評価されたのである。同じように彼らは、(例えば、牧師や説教者の身分、この世の権威、諸侯、支配者の身分など、すべては教会でのより高い位を意味するのでなく、神の戒めとみことばと命令に従ってそれぞれの召しを成就するものであるが、そうした)神によって定められた他のすべての身分よりも勝った功績を修道生活によって得ることができると主張した。こうしたことは、どれも否定されえない。というのは、そういうことが彼ら自身の書物の中に見いだされるからである。

その上、こうして捉えられ、修道院にやって来た者たちは、キリストについてほとんど学ばなかった。以前のように修道院に聖書やその他キリスト教会に有益な知識を与える学校があったとすれば、事態は違っていたであろう。以前はそうしたものがあったからこそ、修道院から牧者や司教が出たのである。しかし、今は全く違った状況を呈している。以前には人々は聖書を学ぶ意図をもって修道生活へと集まって来た。今は、修道生活は、それによって神の恵みと神のみ前での義を勝ち取るためのものである、いや、完全の状態であると主張される。それは神によって定められた他の身分よりもはるかに優れたものとされている。これらすべてのことは、われわれの教師たちが何を、またいかに教え、説教しているかをいっそうよく把握し、理解することができるように一切の誹謗を排して述べている。

第一に、結婚したいという者については、われわれの間では教師たちが次のように教えている。独身生活に適していない者はすべて、結婚する力も正当性も権利も持っている。というのは、誓願が神の秩序と命令を無効にすることはできないからである。さてコリントの信徒への手紙一の七章（二節）における神の戒めは次のように言う。「みだらな生活を避けるために、男はめいめい自分の妻を持ち、女はめいめい自分の夫を持ちなさい」と。そのように勧め、駆り立て、強いるのは、神の戒めだけではない。神の創造と秩序も同様に、神の特別な働きがないため童貞の賜物を与えられていない者はすべて結婚するようにと指示している。それは、創世記二章（一八節）にある神ご自身のみことばによって明らかである。そこには「人が独りでいるのは良くない。彼に合う助ける者を造ろう」と言われている。

これに対して、どういう反対をすることができるだろうか。誓願や義務を望むだけ誇るがよい。なしうる限り高く賞揚するがよい。それでもなお、それによって神の命令を廃止することを強制してはならない。博士たちは、教皇の法に反してなされた誓願は拘束力を持たないと言う。まして神の戒めに反しているのなら、拘束すべきではないし、合法性も力も持つべきでない。

もし誓願の義務が解消されるのに何の根拠もないとすれば、教皇は人々をそうした義務から免除し、解放することはできなかったであろう。というのは、どんな人も神の律法から生じた義務を廃止する権利は持っていないからである。それゆえ、教皇たちはこの義務について配慮が加えられなければならないことをよくわきまえていて、アラゴン王の場合など多くの場合に、しばしば免除を与えたのである。もしこの世的なことを保つために義務を免除したのであれば、魂の必要のために免除が与えられるのは、なおさら正当なわけである。

もしそうなら、われわれの反対者はなぜまず誓願が正当なものであるかどうかを確かめもせず、そんなに強く誓願が守られるべきであると主張するのであろうか。というのは、誓願はそれが可能であり、自発的なものであり、強制によるものであってはならないからである。しかも、終身童貞がどれほど人間の力と能力の中にありうるかは、人々がよく知っているところである。また、男子であろうと女子であろうと、自ら望んで十分に熟慮した後に修道誓願をした者はほとんどいない。彼らが正しい分別を持つようになる前に、人々が彼らに修道誓願をするよう説得し、時には彼らは強制され、無理強いされたのである。このようなわけで、もし自発的でなく、十分な相談と熟慮をもって誓われたのでなければ、誓願の性質や方法に反することをすべての者が表明している点を考えれば、誓願の義務についてあまりに強硬、苛酷に論じるのは当を得ていない。

いくつかの教会法や教皇令は、一五歳以下になされた誓願を無効としている。というのは、この年齢以下の者は、自分の将来の全生涯の手はずを、定め、決定することができるほど十分な分別を持ってはいないと教会法なども考えているからである。他のある教会法は、人間の弱さに対応して更に何年かを加えて一八歳以下の者が修道誓願をすることを禁じている。だから大部分の者には修道院を去る理由と根拠があることになる。なぜなら、彼らは大部分一八歳以下の子供のときに修道院に来たからである。

最後に、修道誓願を破ることが非難されるとしても、それだからといってその者の結婚を引き裂かなければならないことにはならない。というのは、聖アウグスティヌスも『結婚について』の第一章二七問に、そのような結婚を引き裂くべきではないと述べているからである。その後、異なる意見を主張した者がいたとはいえ、今日聖アウグスティヌスはキリスト教会の中で決して取るに足りない評価しか受けていないわけではない。

さて結婚に関する神の戒めは、多くの人を修道誓願から自由にし、解放するが、われわれの教師たちは、修道誓願が無価値であり無効であることについて、更に多くの根拠を提示する。というのは、神の戒めと命令によらないで、義と神の恵みを獲得するために人間によって設定され選ばれたすべての神奉仕のわざは、神と聖なる福音に反し、神の命令に対立するからである。キリストご自身がマタイによる福音書五章（九節）で「彼らは人間の戒めをもって、空しくわたしを礼拝している」と言われるとおりである。聖パウロも同様にあらゆる個所で、人は人間によって案出された求めや神礼拝によって義を求めるべきではなく、神のみ前における義と敬虔とは、神がその独り子キリストのゆえにわれわれを恵みの中に受け入れてくださることをわれわれが信じるとき、その信仰と信頼とから生じることを教えている。

さて修道士たちが、彼らが考え出した霊的生活が罪の償いとなり、神の恵みと義とを獲得すると教え、説いてきたことは全く明らかである。それは、キリストの恵みの栄光と誉れを弱め、信仰の義を否定すること以外の何であろうか。したがってこのことから、このような習慣的な誓願は、不正で偽りの神礼拝であると結論される。それゆえ、そのようなものは拘束力を持たない。というのは、不敬虔な誓願や神の戒めに反してなされたことは拘束力をもたず、無意味だからである。教会法も、誓いが罪のための絆であってはならないと教えているとおりである。

聖パウロは、ガラテヤの信徒への手紙五章（四節）に、「律法によって義とされようとするあなたがたは、キリストから離れている。また恵みを欠いている」と言っている。それゆえ、誓願によって義とされようとする者は、キリストから離れ、神の恵みを欠いている。というのは、キリストのみが義としてくださるのに、その当のキリストからその誉れを奪い、そのような誉れを彼らの誓願と修道生活に与えるからである。

修道士たちがその誓願と修道生活と方法によって義とされ、罪の赦しを得ると自分たちで教え、説教してきたことは否定できない。否、彼らはもっと不当で馬鹿げたことを考え出し、彼らのよい行ないを他の人々に融通すると述べている。もし今誰かがこれらすべてのことを容赦なく責め咎めようとするなら、どんなに多くのことを集めうることであろうか。そのようなことについては、修道士たち自身も今や恥じ、そのようなことをしなければよかったと思うほどであろう。これらすべてに加えて、彼らはまた、この虚構の霊的身分こそがキリスト教的完全であると人々を説得した。これはまさしく、行ないによって義とされるとして行ないを賞揚することである。さて、神の戒めによらず人間が考え出した、そのような神奉仕を民衆に押しつけ、そのような神奉仕が人を神のみ前に正しくし義とすると教えることは、キリスト教会においては決して取るに足りないつまずきではない。というのは、このような奇妙な天使的霊性や清貧、謙遜、貞潔の偽りの口実によって人々の目が眩まされるとき、キリスト教会において最も強調されなければならない信仰の義は、曖昧にされてしまうからである。

その上、修道士だけが完全の状態にあると人々が聞かされる時、それによって神の戒めと正当な真実の神奉仕も曖昧にされる。というのは、キリスト教的完全とは、真心から真剣に神を畏れ、しかもなお心からの確信と信仰と信頼とを持つことだからである。すなわち、われわれはキリストのゆえに恵み深い憐れみの神を持つこと、われわれに必要なものを神に願い求めることができ、またそうすべきであり、またそれぞれの召しと自分にまとわりつくあらゆる苦難の中にあって、神からの助けを確かに期待すること、またさし当たりわれわれも熱心に外的なよい行ないをして、われわれの召しに努めるべきこと、などである。ここに真の完全と正しい神礼拝がある。それは、托鉢や黒や灰色の修道服などによるのではない。しかし一般の人々は、独身の状態が極度に賞讃されるのを聞いて、そうした修道生活の誤った賞讃から多くの有害な結論を引き出す。というのは、そのことから、良心に重荷を負いながら結婚生活を送ることになるからである。托鉢者のみが完全であると一般の人たちが聞くのなら、罪なしに自分の所有物を保つことができるのか、また仕事に精を出すことができるのかと不安になる。復讐してはならないというのは単なる勧告であると人々が聞くなら、職務上でなくても復讐することは罪ではないと考える者がいても当然である。また、支配者であっても、キリスト者は全く復讐すべきでないと考える者たちもいる。

妻子や統治さえも捨てて修道院に隠れ場を求めた人たちの多くの実例を読むことができる。彼らは、これはこの世から逃れて、神が他の生活よりも喜ばれる生活を求めているのだと言う。彼らは、神が与えた戒めを守ることによって神に仕えるべきであって、人間によって考え出された戒めを守ることによってではないことを知ることができなかった。さて神の戒めに基づく生活は、よい、完全な生活状態である。しかし、神の戒めに基づかない生活は、危険な生活状態である。そのような事柄について、人々に適切な指導をすることが必要である。

以前にジェルソンも、完徳に関する修道士の過ちを責め、修道生活が完徳の状態であるというのはその時代に起こった新しい主張であることを示した。

こうして修道誓願には、神に逆らう数多くの考えや誤りがまとわり付いている。すなわち、それは人々を神のみ前に義とし正しくするとか、それがキリスト教的完全であるとか、これによって福音的勧告と戒めの両方を満たすとか、それには神に当然支払われる分以上の過分な行ないがあるとかといった考えである。これらすべては偽りであり、空しい虚構であるから、修道誓願も空しく拘束力のないものとしてしまうのである。

第二八条　司教権について

以前から、司教権について様々なことが数多く書かれてきた。そして人々の中には、不当にも司教の権能をこの世の剣と混同した者があった。この無秩序な混同から、数多くの重大な戦争や騒動、暴動が起こった。すなわち、司教がキリストから与えられた権能の外見だけによって、新しい礼拝様式を整えたり、ある問題の留保や暴力的破門によって良心に重荷を負わせたりするだけでなく、望むままに皇帝や王を位に着けたり廃したりすることさえ、敢えて行なうことができるかのように装ったからである。これまでも長い間キリスト教界の有識者で神を畏れる人々が、このような不法を非難してきた。そこでわれわれの教師たちは、良心を慰めるために、霊的権能とこの世の権能、剣、統治との区別を指摘せざるをえなかったのである。そして、人々は神の戒めによって、統治と権能の両者が、地上における神の二つの至高の賜物として、あらゆる尊敬を払って敬われ、確実に保たれるべきである、と教えてきた。

したがってわれわれの教師たちは、鍵の権能あるいは司教の権能は、福音によれば、福音を説教し、罪を赦し、また留め、サクラメントを執行し分与すべく神より与えられた力であり命令であると教える。というのは、キリストはヨハネによる福音書二〇章（二一―二三節）にある「父がわたしをお遣わしになったように、わたしもあなたがたを遣わす。そう言ってから、彼らに息を吹きかけて言われた。『聖霊を受けなさい。だれの罪でも、あなたがたが赦せば、その罪は赦される。だれの罪でも、あなたがたが赦さなければ、赦されないまま残る』」という命令と共に、使徒たちをお遣わしになったからである。

ただ神のことばを教え説教することにより、また自分の召しに従い、多くの人や個人にサクラメントを執行することによってのみ、人はこの鍵の権能、あるいは司教の権能を行ない、行使するのである。このことによって、単に身体的なものではなく、永遠のものと賜物とが与えられる。すなわち、永遠の義と聖霊と永遠の生命である。これらの賜物は、説教の職務を通し、また聖なるサクラメントを受けることによらなければ、その他の形では得ることができない。というのは、聖パウロは「福音は、……信じる者すべてに救いをもたらす神の力だからです」（ローマ一章一六）と言っているからである。さて教会の権能あるいは司教の権能は、永遠の賜物を与え、説教職によってのみ行なわれ行使されるので、この世の権力やこの世の統治を何も妨げない。この世の統治は、福音とは大いに違うことを扱うからである。すなわちこの世の権力は、魂を保護するのではなく、剣と身体的な刑罰によって身体と財産とを外的な暴力から守るのである。

それゆえ、霊的統治とこの世の統治という二つの統治を互いに混ぜ合わせたり、混同したりしてはならない。というのは、霊的権能には福音を説教し、サクラメントを執行するというそれ自体の命令があるからである。それは別の職務に関与してはならない。王を立てたり廃したりしてはならない。この世の法律や支配者に対する服従を廃止したり、揺るがせたりしてはならない。この世の権力に対して、この世的な問題に関わる法律を作ったり課したりしてはならない。キリストご自身も、「わたしの国は、この世には属していない」（ヨハネ一八章三六）、また「だれがわたしを、あなたがたの裁判官や調停人に任命したのか」（ルカ一二章一四）と言っておられるとおりである。また聖パウロはフィリピの信徒への手紙三章（二〇節）で「わたしたちの本国は天にあります」と言い、またコリントの信徒への手紙一の一〇章（四―五節）では「わたしたちの戦いの武器は肉のものではなく、神に由来する力であって要塞も破壊するに足ります。わたしたちは理屈を打ち破り、神の知識に逆らってあらゆる高慢を打ち倒し、あらゆる思惑をとりこにしてキリストに従わせ」ると述べている。

こうしてわれわれの教師たちは、二つの統治と権力の職務を区別し、両者とも地上における神の至高の賜物として敬うように命じている。

しかし、司教がこの世の統治と剣とを持っている場合には、それは司教の権能に関する神の定めによるのではなく、財産のこの世的な管理のためにローマ皇帝や王たちから贈られた、人間的で皇帝に帰属する権限によるものである。そして、それは福音の職務とは全く関係ない。

したがって、神の定めによる司教の職は、福音を説教し、罪を赦し、教えを判断し、福音に反する教理を斥け、神に背く生活であることが明らかである不信仰な者たちをキリスト者の交わりから排除することにある。すべてこれらのことは、人間的な力によってではなく、ただ神のことばだけによってなされなければならない。それゆえ、牧師たちと教会とは、「あなたがたに耳を傾ける者は、わたしに耳を傾け」るというルカによる福音書一〇章（一六節）のキリストのみことばのように、司教に対して従順でなければならない。しかし、彼らが何か福音に反することを教え、定め、立てようとするなら、その場合にはわれわれは服従すべきでないという神の命令がある。すなわちマタイによる福音書七章（一五節）には、「偽預言者に警戒しなさい」とある。また聖パウロはガラテヤの信徒への手紙一章（八節）で「わたしたち自身であれ、天使であれ、わたしたちがあなたがたに告げ知らせたものに反する福音を告げ知らせようとするならば、呪われるがよい」と言い、またコリントの信徒への手紙二の一三章（八節）で「わたしたちは、何事も真理に逆らってはできませんが、真理のためならばできます」と言っている。同じく「壊すためではなく造り上げるために主がお与えくださった権威によって」（同上一〇節）と言う。教会法第二編第七部も、「司祭」の章と「牧される者」の章で同様のことを命じている。聖アウグスティヌスも、ペティリアヌスへの手紙で、たとえ正規に選ばれた司教に対しても、彼らが過ちを犯し、あるいは聖なる神の書に反したことを教えたり命じたりするなら、それに服従すべきではないと記している。

婚姻問題や十分の一税など、様々な事柄について司教が権能と裁治権を持っているとしても、彼らはそれを人間の定めによって持っているのである。しかし裁治権者がそのような義務の遂行をおろそかにするなら、諸侯は好むと好まざるとにかかわらず、平和のためにも領地における不和と動揺を避けるためにも領民に対して裁断を下さなければならない。

更に、司教は教会の中で儀式を定め、食物や祝日に関する、また教会奉仕者のいろいろな階級に関する定めを作ることができる力を持っているかどうかについては議論がある。司教にこのような権能を与える者は、ヨハネによる福音書一六章（一二、一三節）の「言っておきたいことは、まだたくさんあるが、今、あなたがたには理解できない。しかし、その方、すなわち、真理の霊が来ると、あなたがたを導いて真理をことごとく悟らせる」というキリストのみことばを引用する。更に彼らは、使徒言行録一五章（二〇、二九節）の例を引用する。そこでは、彼らが血と絞め殺したものを食べることを禁じている。また、彼らの考えによれば、十戒に反して安息日が日曜日に変えられたことを引用する。そして、安息日の変更ほど高く扱われ、引用される事例はない。これによって、彼らは教会の力が大きいことを主張しようと考えるのである。なぜなら、教会は十戒の戒めを免除し、そのあるものを変えたからである。

しかしわれわれの教師たちは、この問題について次のように教える。すなわち、司教は福音に反して何かを定めたり立てたりする力は持っていない。それは先に述べたとおりであり、また教会法がその第九命題全体にわたって教えているとおりである。罪の償いをし、恵みを得るために法律を作り、命じようとする意図は、明らかに神の戒めとみことばに反している。というのは、もしわれわれが恵みを勝ち得ようとしてそのような規定を守るのであれば、キリストの功績の栄光を汚すことになるからである。このような考えのために、キリスト教界で人間的な規定が数限りなく定められ、他方、信仰と信仰の義に関する教えが全く影を潜めていることは、きわめて明白である。人々は、毎日新しい祝日、新しい断食を命じ、新しい儀式と新しい聖人崇拝とを定めている。そのようなわざによって、恵みとあらゆるよいことが神から与えられるようにというのである。

同様に様々な人間的規定を定める者は、それによって神の戒めに背く行為をしている。すなわち、彼らは食物に、日に、またそうした類のことに罪を定め、キリスト教界を律法の奴隷とし、神の恵みを勝ち得るために、キリスト者たちの中にもレビ的な礼拝のような礼拝がなければならないかのように言う。またある者たちがそれについて書いているように、神が使徒たちと司教たちにそれを定めるよう命じられたかのように、言うのである。司教たちの中にモーセの律法の例によって過ちを犯すようになった者がいたことは疑いない。その結果、数えきれない規定が定められるに至った。すなわち、たとえそれが他の人々をつまずかせるものでなくても、聖日に手仕事をするのは大罪であるとか、七つの定時課を省略するのは大罪であるとか、ある食物は良心を汚すとか、断食はそれによって神と和解するわざであるとか、留保事項については、教会法はただ教会的罰の留保について言っているだけであって罪責の留保については何も言ってはいないのに、その事項を留保している人にまず歎願しなければ罪は赦されない、といったことである。

もしそうなら、司教たちは、人々の良心をたらしこむような要求をキリスト教界に課する権利や力をどこから得たのであろうか。聖ペトロは、使徒言行録一五章（一〇節）で、弟子たちの首にくびきをかけることを禁じている。また聖パウロは、コリントの信徒に対して、権力はよりよくするために与えられたのであって悪くするためではないと述べている（Ⅱコリント一三章一〇）。それなら、なぜ彼らはこのような要求によって罪を増そうとするのであろうか。

しかも、神の恵みを勝ち得るためとか、救いのために必要であるかのように、こうした規定を設定することを禁じる、神の聖書の明らかなことばがある。だから、聖パウロはコロサイの信徒への手紙二章（一六節）で、「だから、あなたがたは食べ物や飲み物のこと、また、祭りや新月や安息日のことでだれにも批評されてはなりません」と言っているのである。同様に「あなたがたは、キリストと共に死んで、世を支配する諸霊とは何の関係もないのなら、なぜ、まだ世に属しているかのように生き、『手をつけるな。味わうな。触れるな』などという戒律に縛られているのですか。これらはみな、使えばなくなってしまうもの、人の規則や教えによるものです」（コロサイ二章二〇―二三）と言っている。聖パウロは同様にテトスへの手紙一章（一四節）で、ユダヤ人の作り話や、真理に背を向けている者の掟に気をとられてはならないと、はっきり禁じている。

キリストご自身も、人々を人間の戒めに駆り立てようとする者たちについて、マタイによる福音書一五章（一四節）で「そのままにしておきなさい。彼らは盲人の道案内をする盲人だ。盲人が盲人の道案内をすれば、二人とも穴に落ちてしまう」と言われている。

今もし司教たちが、数えきれない規定をもって教会に重荷を負わせ、良心を悩ます力を持っているのなら、なぜ聖書は人間の定めをつくったり守ったりすることをこのようにくり返し禁じているのであろうか。なぜ、これらのものを悪魔の教えと呼ぶのであろうか。いったい聖霊がこうしたすべてのことを、いわれもなく警告したというようなことがありえようか。

それゆえ、神をそれによって宥め、恵みを勝ち得るために必要なものとして定められたこのような定めは、福音に反しているので、司教たちがこのように神に仕えることを強制するのは全く適当ではない。というのは、キリスト教界にキリスト教的自由に関する教えを保たなければならないからである。すなわち、律法の奴隷となることは義認に必要ではない。聖パウロがガラテヤの信徒への手紙五章（一節）で、「この自由を得させるために、キリストはわたしたちを自由の身にしてくださったのです。だから、しっかりしなさい。奴隷のくびきに二度とつながれてはなりません」と記しているとおりである。神の恵みが与えられるのは、われわれの功績によらず、キリストを信ずる信仰によるのであって、人によって定められた神への奉仕によって勝ち得るのではない、という福音の主要条項が維持されなければならないからである。

それでは、日曜日や他のそれと同じような教会の定めと儀式について、われわれはどのように主張すべきであろうか。これについては、われわれの教師たちは次のように答える。すなわち、司教や牧師は、教会の中で秩序正しく物事が行なわれるために定めをつくることができる。しかし、それによって神の恵みを得たり、罪のための償いをしたり、このようなことが神に仕えるためには必要であると主張し、これを破るのはたとえ他の人につまずきを与えなくても罪を犯すことになると考えて、良心を束縛するためではない。前述のような規定として、聖パウロはコリントの信徒に、女性は集会においてその頭を覆うべきであると命じたのである（Ⅰコリント一一章五）。あるいは、集会において説教者たちはみんなが一度に語るのではなく、次々に秩序正しく語るようにと言っているのである（Ⅰコリント一四章三〇）。

キリスト者の集まりが、このような定めを愛と平和のために保ち、またこのような問題について司教や牧師に従い、他の人をつまずかせない程度に秩序を守り、それによって教会の中に無秩序や不当な行為がないようにすべきである。しかし、人々がそのようなことが救いに必要であると考えたり、たとえ他の人につまずきを与えなくてもそれを破るのは罪であるかのように考えたりするという具合に、良心に重荷を負わせてはならない。女性が、頭を覆わないで外出しても、人々につまずきを与えるわけではないし、誰も彼女が罪を犯しているとは言わないのである。

日曜日、復活祭、聖霊降臨日やそういった祝日とか、その守り方についての規定も同様である。日曜日に関する定めが安息日に代わって救いに必要なものとして設定されたように考える人は、大きな間違いをしている。というのは、聖書は福音が明らかになってからは、安息日を廃止し、すべての古い律法の儀式は免除されることができると教えているからである。とはいえ、いつ集まらなければならないかが分かるように、一定の日を定めることが必要なので、キリスト教会は日曜日をそのために定めたのである。そしてこの変更については、それによって人々がキリスト教的自由の実例を見て、安息日の順守も別の日を守ることも必要ではないのを知ることが、よりいっそう意にかなうことであり、好ましいことなのである。

律法の変更、新約の儀式、安息日の変更については、多くの正しくない議論がある。すべてこれらのものは、レビ的なあるいはユダヤ的な礼拝にならった礼拝をキリスト教界においても持たなくてはならないし、またキリストは使徒や司教に、救いに必要な新しい儀式を案出するように命じられたというような、偽りの、誤った考えから生じている。このような誤りは、人々が信仰の義についてもはや明瞭にまた純粋に教えることも説教することもしなくなったときに、キリスト教界の中に侵入してきた。したがって、ある人々は日曜日について、それは神の定めによるのではないが、ほとんど全く神の定めによるかように、祝日にどこまで働いてよいかという形式や程度を定めて、それを守らなければならないと論じている。しかし、そのような議論は、良心の罠以外の何物であろうか。というのは、彼らは人間の規定を緩和し、情状に合わせようと試みはするが、それが必須であるように言おうとする考えが残っている限り、なお何の公平（エピケイア）も緩和も行なうことはできないからである。そしてこのような考えは、人々が信仰の義についてまたキリスト教的自由について理解しない限り残るに違いない。

使徒たちは、血と絞め殺したものとを避けるべきことを命じた。しかし、現在誰がこの禁令を守っているだろうか。それを守っていないからといって、何の罪も犯かしているわけではない。というのは、使徒たちもそのような束縛をもって良心に重荷を負わせようとしたのではなく、つまずきを避けるために、一時的にそれを禁じたからである。この規定において、このような禁令によって廃止されないキリスト教教理の主要条項に注意を向けなければならない。

人々は、古代の教令のほとんどどれをも、それが述べているとおりには守っていない。またそのような規定の多くが、そうした規定を最も熱心に守る人たちの間でさえ、日毎に用いられなくなっている。このような緩和が行なわれないなら良心に助言をしたり助けたりすることはできない。そこでわれわれは、そのような規定が、必須のものであると考えられてはならないし、またたとえそれを放棄しても良心を傷つけるものではないという程度に保たれるべきことを知るのである。

司教たちは、彼らが罪を犯すことなしには守りえないような規定の順守を強制しないなら、容易に人々の服従を保つことができよう。しかし彼らが今やっているのは一つの事だけである。聖なるサクラメントの二種陪餐を禁じ、また教職者の結婚を禁じ、疑いもなく聖なる福音にかなっている教理を説かないことをまず誓うのでなければ、誰をも教職に就くことを許さない。必要なときには、司教たちはそのようにすることを求められているのではあるが、われわれの諸教会は、司教たちがその誉れと威厳とを代償にして平和と一致とを回復すべきであるなどとは求めていない。ただ司教たちが以前には教会の中には存在せず、普遍的なキリスト教会の習慣に反して導入された、いくつかの不当な重荷を免除することだけを願っているのである。おそらくこれらのことを導入したことには、何かの理由があったのであろう。しかしそれは、今日では適当でなくなっている。また規定の中には、理解のなさから取り入れられたというものがあることは否定できない。それゆえに司教たちは、これらの規定を和らげる親切心を持つべきである。なぜなら、そのような変更はキリスト教会の一致の保持の障害とはならないからである。というのは、人間によって案出された多くの規定は、時の経過とともに用いられなくなり、教皇の法自体が示しているように、守られる必要がなくなるからである。しかし、もし罪を犯さずには守れないような人間の規定を緩和しまた廃止することができず、それが彼らによって受けいれられないなら、われわれは人に従うよりは神に従うべきである（使徒五章二九）と命じる使徒的原則に従わなければならない。

聖ペトロは、司教たちが自分たちの欲するままに教会に強制する力を持っているかのように主権を振り回すことを禁じている（Ｉペトロ五章二）。いま人々は、司教からその力を取り上げようと考えているのではない。むしろ、彼らが良心を強制して罪を犯させることのないよう、願い求めているのである。もし彼らがそのようにせず、このような願いを無視するなら、彼らは自分たちの強情によって、本来彼らが公正にそれを避けるように助けなくてはならない分離と分裂の原因を作るのだから、自分たちで神のみ前にこのことについてどう答えたらよいかを考えたらよい。

むすび

こうしたことが争点と考えられる主要条項であります。更に多くの乱用や誤謬を挙げることはできますが、間口が広くなりまた長くなることを避けて、われわれはただ主要なものだけを指摘しました。他の問題もこのことから容易に判定できましょう。これまでにも、贖宥券について、巡礼について、また破門の悪用について、非常な不満がありました。また牧師たちも修道士たちとの間に、告解を聞くことについて、埋葬について、特別な場合の説教について、その他数え切れない問題について、果てしもない口論がありました。これらすべてをわれわれは最善を尽くし体裁を整えるために無視してきました。それによって、人々がこうした事柄における主要な問題を最もよく認めることができるためにです。ここに述べられまた指摘された何事も、誰かに対する憎しみから、あるいは誰かを傷つけるために言われまた示されたと考えられてはなりません。むしろわれわれは、われわれの中には教理においても儀式においても、聖書に反したりそうでなければ普遍的なキリスト教会に反したことは何もないことがよりよく示されるために、引用し指摘することが必要だと考えられたことだけを挙げたのです。というのは、（誇って言うのではありませんが）われわれがあらゆる努力を尽くし、神の助けによって、どのような新奇なまた不信仰な教えもわれわれの教会に入りこみ、食い込み、盛んになることのないように努めてきたことは、明白であり公然とした事実であるからです。

上述の条項を、われわれは（国会）招集状に従って、われわれの信仰告白とわれわれの教師たちの教理の表明として提出します。もしどんな人であれ、いずれかの点で欠けていると考えられるなら、われわれは神聖な聖書を根拠として、更に詳しく説明を提出する用意があります。

われらの皇帝陛下の臣下として最も従順なる

ヨハン　ザクセン公、選帝侯

ゲオルグ　ブランデンブルク辺境伯

エルンスト　リュネンブルク公
フィリップ　ヘッセン方伯
ハンス・フリードリヒ　ザクセン公
フランツ　リュネブルク公
ヴォルク　アンハルト侯
ニュールンベルクの市長および参事会
ロイトリンゲンの市長および参事会

訳注

（1）序文はザクセン選帝侯宮廷の文書起草官ゲオルク・ブリュックによって当時の文書独特の書き方で起草された。はじめの部分には数行にわたり帝国議会の招集状の文章がそのまま引用されている。

（2）神聖ローマ帝国皇帝カール五世（一五〇〇―一八五八年）。皇帝としてはカール（ラテン語ではカロルス）という名は、シャルルマーニュ（カール大帝、八百年にローマで皇帝として戴冠）以来五人目なので五世であるが、権力基盤だったハプスブルク領スペインではカルロス二世。この時代、神聖ローマ帝国皇帝の地位は世襲ではなく選挙で選ばれた。その皇帝選挙権を持っていたのが、いわゆる「選帝侯」である。（注・鈴木）

（3）オスマントルコは一四五三年五月、歳若いスルタン、メフメト二世（一四三〇―一四八一年）指揮下、難攻不落のコンスタンティノポリスを攻略し、ビザンティン帝国を滅ぼした。その後、ヨーロッパにも攻め入り、一五二九年にはウィーンにまで迫っていた。（注・鈴木）

（4）本来「諸身分」と訳される。自由都市や、帝国直轄の修道院、教会施設、騎士団、聖職者諸団体の代表が、七人の選帝侯や諸侯とともに帝国議会の議員であった。

（5）開会予定日は六月二〇日と定められていたが、ザクセン選帝侯ヨハン（一四六八―一五三二年）は五月二日に、ヘッセン方伯フィリップ（一五〇四―一五六七年）は五月一二日に到着した。

(6) 実際には直前になって六月二四日（金）から二五日（土）に延期された。

(7) フェルディナント一世（一五〇三―一五六四年）。神聖ローマ帝国皇帝カール五世の弟。（注・鈴木）

(8) ギリシャ語でヒュポスタシス、ラテン語でペルソナは「それ自体として存在するもの」の意味を持つ。初代教会において様態論と呼ばれる異端があったが、それは、父・子・聖霊とは、唯一の神の三つの様態、現われ方を示すと主張した。これに反対して、神の本質は一つであるが、父と子と聖霊は三つの位格、つまり、それ自体として存在するものと主張された。

(9) 三世紀にペルシャ人マニ（二一六―二七七年）によって始められた宗教。ペルシャの二元論とキリスト教その他の要素を結びづけた宗教であって、アウグスティヌス（三五四―四三〇年）も青年期、一時これを信じたことがあった。中世後半南仏のアルビ派もこれと似た考え方を持っていた。

(10) 二世紀中葉のウァレンティノスの教説に従うグノーシス主義。三位一体を更に三〇の「神々」に分類し、それぞれ格付けした。

(11) 子は創造されたもので、父なる神とは異なった本質のものであると主張して、三二五年のニカイア公会議で異端とされたアレイオス（二五〇年頃―三三六年頃）の説に従うもの。

(12) 四世紀後半に起こった極端なアレイオス主義の一派。ここに挙げられた諸派はいずれも三位一体を否定している。

(13) 七世紀にムハンマド(五七〇年頃—六三二年)によってアラビアに起こった。ユダヤ教、キリスト教の影響を受けているが、三位一体を否定するものとして、宗教改革者は、先に掲げた諸派と並べてしばしば言及している。

(14) シリア・サモサタのパウロス(三世紀)による異端。単なる人間イエスに聖霊が働いて神の子としたという「養子説」を主張した。一六世紀、反三位一体の立場をとった神霊主義者、カンパヌスやデンクのような人がここで新サモサタ派と呼ばれ、本文にはその立場が説明されている。カンパヌスは一五三〇年三月、提題を掲げてルターとの討論を求めた。

(15) 五世紀始めのローマの禁欲的な教師ペラギウスに由来する。人間は生来罪人なのではなく、生まれて来るときは堕落以前のアダムと同じ状態であり、神の恵みに助けられて、自分の力で救いに達しうると主張した。ここで更に「など」という形で付加されているのは、ツヴィングリ(一四八四—一五三一年)やスコラ神学者たちを指したものであって、彼らもそれぞれにペラギウス的な立場をとっていると非難しているわけである。

(16) ここでは、聖霊の直接的な働きかけを主張した一六世紀のカスパー・シュベンクフェルトやセバスチャン・フランクをさす。このような主張に対しルターは『天来の預言者らを駁す』(一五二五年)他において反対している。

(17) 神に命じられていない、不必要な行為については第二〇条、第二六条などを参照のこと。

(18) 四世紀のミラノの司教であるが、ここにあげられた引用は、四世紀に書かれ、中世になってアンブロシウスの著作と誤って見なされるようになったラテン語のパウロ書簡注解からのものである。

(19) ここでは礼拝順序、教会法、宗教的慣習などを含めている。

(20) 四世紀の初めアフリカの教会に生じた極度に厳格なグループであって、迫害の折に信仰を一時捨てた教職者にはサクラメント執行の資格がないとして、彼らによるサクラメントの無効を主張した。

(21) 三世紀中ごろ、ローマに起こった厳格派。迫害の際に異教と妥協した者は後に悔い改めても、教会に復帰することを許そうとしなかった。

(22) 当時ルーテル教会では、多くの聖人の日が廃され、使徒の記念日の大部分が次の主日に移された。しかし、教会暦の中の祝日の多くは残された。

(23) これについては中世以来多く論じられた。たとえばトマス・アクィナス(一二二五年頃—一二七四年)によれば、第一に私人が自分の権利の追求のためでなく、公権力が公共生活を守るために行なう戦争であり、第二に、その相手は何らかの罪科のために罰に値いする者でなくてはならないとされた。

(24) この点で、再洗礼派を一括して論じることはできないのだが、ここに示されるように、国家、結婚、経済生活などに対して消極的態度をとる者もあった。

(25) ここに示されている考え方は、修道生活のそれであり、一部の再洗礼派にも見られた。

(26) このような主張をした再洗礼派もいた。ハンス・デンク(一五〇〇年頃—一五二七年)やメルキオール・リンク(一四九三年頃—一五四〇年以後)などである。また、後者は、一五三〇年の復活日に千年期が始まると主張したが、この時期の「熱狂主義」者の中には、いろいろの形で千年王国説を説いた者が多い。

(27) 中世にアウグスティヌスの著作と見なされ、その頃の彼の全集にも収められていた。ドイツ語本文でもギリシャ語本文でも『ヒュポグノスティコン』という書名で挙げられているが、もともとの書名は『ペラギウス主義者とカエレスティウス主義者を反駁する勧告』(Hypomnesticon contra Pelagianos et Coelestinianos)で、この一文は三巻四章五節からの引用。

(28) 信心や慈善の行ないのために設けられた信徒団体。兄弟団とも訳される。

(29) カルタゴ司教のキュプリアヌス(二〇〇年頃―二五八年)は、『教会の一致について』など重要な文書を残したが、アフリカ地方の実質的首座司教として数々の司教会議を主宰した。殉教者で聖人に列せられた。(注・鈴木)

(30) ヒエロニュムス(三四七―四一九年)はアウグスティヌスの同時代人で、旧新約聖書をそれぞれヘブライ語とギリシャ語からラテン語に翻訳した。この翻訳は「ウルガータ」と呼ばれ、カトリック教会では長く最も権威ある聖書本文として尊重されてきた。(注・鈴木)

(31) ゲラシウス一世(四九六年没)。教皇レオ一世(四〇〇年頃―四六一年)にならって教皇首位権を主張し、「教皇は誰によっても裁かれない」と語った。ここで挙げられているのは『ゲラシウス教令』からの一節であるが、『ゲラシウス教令』は実際にはもっと後に成立した文書。(注・鈴木)

(32) クザーヌス（一四〇一―一四六四年）は、杯を信徒に与えないことが認められたのは、第四回ラテラノ公会議（一二一五年）においてであるとしている。

(33) 聖体顕示台を奉持した行列により、会堂の中や戸外で会衆に祝福を与えた。ことに三位一体祝日後の木曜日は主キリストの聖体祝日とされ、この日に行なわれた。一五三〇年六月一六日、アウグスブルクの町での聖体行列への参加を、福音主義諸侯は拒否した。

(34) 司祭、聖職者の独身制については、古くから主張され、実践されてはきたが、一般化したのは一一世紀の終わり、教皇グレゴリウス七世（一〇二〇年頃―一〇八五年）の命による。その頃、ドイツの司祭の大部分は妻帯していた。ニカイア公会議（三二五年）は、聖職者に独身生活を課すことに反対した。

(35) ローマ教皇ピウス二世（一四〇五―一四六四年）。教皇在位は五八年から没年まで。対トルコの十字軍を計画したが、出発前に死亡した。（注・鈴木）

(36) ニコラウス・クザーヌス（一四〇一―一四六四年）、ヨハネス・タウラー（一三〇〇年頃―一三六一年）、ジャン・ジェルソン（一三六三―一四二九年）、ガブリエル・ビール（一四一〇年頃―一四九五年）などの人によってなされた。

(37) 個人の特別な目的のために寄進を受けて行なわれたミサ。随意ミサとか、かどミサ（隅で行なわれるので）とか呼ばれた。

(38) ヨアンネス・クリュソストモス（三四七年頃―四〇七年）は、アンティオキアの長老からコンスタンティノポリス総主教に選ばれるが、教会政治の犠牲になって追放の身になり、流刑地で死亡する。東方では最も崇められた聖人で、名説教家としても有名。そのため、クリュソストモス（黄金の口を持つ人）というあだ名の方が本名のヨアンネスよりも有名になった。（注・鈴木）

(39) 六世紀のローマの修道士カッシオドルスによってまとめられた教会史。中世によく用いられたが、ここでは、ソクラテス・スコラスティコス（三八〇年頃―四五〇年頃）の『教会史』から引用されている。

(40) ジャン・ド・ジェルソン（一三六三―一四二九年）はパリ大学総長で、教皇が二人あるいは三人も並び立つ事態を解決しようと教皇の上に立つ公会議の権威を主張した（公会議至上主義）。コンスタンツ公会議にも出席し、ボヘミアのフスへの異端宣告に関与した。その著作『神秘神学』は宗教改革者たちにも影響を与えた。（注・鈴木）

(41) 「大全」（スンマ）という名を書名にした文書の中では、トマス・アクィナス（一二二五年頃―一二七四年）の『神学大全』（Summa Theologiae）が最もよく知られているが、中世には「大全」という書名の著作が数多く出版されていた。トマスには、『対異教徒大全』という別な「スンマ」もあった。（注・鈴木）

(42) ローマの修道士（四〇六年以前に没）で、教会の禁欲主義的姿勢に反対した。特にヒエロニュムスとの対立が有名で、ヒエロニュムスは『ヨウィアヌス反駁』という文書を書いている。（注・鈴木）

(43) エイレナイオス（一三〇年頃―二〇〇年頃）はリヨンの司教で、大著『異端反駁』を書い

て、教会に浸透していたグノーシス主義に体系的反論を行なった。（注・鈴木）

解説

ルター研究所 所長　鈴木　浩

歴史的背景

マルティン・ルターが一五一七年一〇月三一日に、ヴィッテンベルク大学の公式の広報掲示板になっていた市内の「城教会」の北側メインドアーに貼り付けたと言われている『九五箇条の提題』（『贖宥の効力を明らかにするための討論』）がきっかけとなって、宗教改革が始まった。ルターは、しかし、同じ年の九月初めに『九七箇条の提題』（『スコラ神学を論駁する討論』）を学生のフランツ・ギュンターの「神学得業士試験」のために起草していた。この討論は、「スコラ神学を論駁する討論」というタイトルにもかかわらず、オッカム主義神学者のガブリエル・ビールが最大の標的になっていた。

この二つの「提題」は、ルターの予測を裏切る受け取り方をされた。当時のヴィッテンベルク大学には、ルターがエルフルト大学にいたときの恩師で、ヴィッテンベルク大学に招かれ、直ちに学長に就任したトルートフェッター、前任の学長ショイルなど、著名なオッカム主義者がいたので、オッカム主義の代表的神学者ガブリエル・ビールを正面から批判した『九七箇条』は、大学内部ではおそらく活発な討論を引き起こしたと思われるが、論じられている内容の重要性にもかかわらず、大学の外にまで問題が波及した形跡は見られない。

他方、『九五箇条』は、ルターが後に「信仰による義認の教理」と較べれば、「贖宥問題」は、些細で周辺的な事柄に過ぎないと語ったにもかかわらず、予想をはるかに越えた反響を呼び、またたく間にドイツ中に出回った。取り上げられていた問題が「贖宥状」(いわゆる「免罪符」)だったからである。贖宥状は大々的に販売され、民衆が競って購入していた。先祖供養のためである。(大部分の人がそうであるが)地上で罪の償いを果たし終えずに死亡した人の魂は、罪の償いをする場所である「煉獄」で償いをしなければならなかった。しかし、煉獄で苦しい思いをしている先祖の霊も、子孫が贖宥状(罪の償いを不要にする御札)を買えば、直ちに天国に行ける、と宣伝されていたからである。

ルターが一〇月三一日にそれを貼り出したのは、おそらく戦略的であった。翌日の「全聖徒の日」に城教会が持っている多数の「聖遺物」が展示され、それを拝観した者には、功徳が与えられる、と信じられていたからである。こういう日には、無論、大勢の人が参拝にやってきていた。同じ年の四月二六日には、神学部長のカールシュタットが『一五一箇条の提題』を同じ場所に掲示していた。翌日が同じように聖遺物の拝観日だったからである。しかし、ルターが一〇月三一日にしたことは、カールシュタットの場合と同じように、大学の公式の手続きに従って行っていたことに過ぎなかった。

『九五箇条』はルターの予想をはるかに越えて、やがて「宗教改革」と呼ばれるようになった大きな運動へと繋がっていった。ルターは「教会の改革は自分の意志でも意図でもなかった」と語っていたが、いったん火がついた運動は、ルターの思惑を越えて、それ自身のエネルギーで渦巻いていくことになった。

ルターがいたザクセン選帝侯領では、選帝侯がルターを一貫して擁護し、保護していたが、ルターの主張に共鳴する人々が徐々に増加し、その他の領邦の中にも、ルターを支持する諸侯や都市が出てくるようになった。こうなると事態は一挙に政治問題化する。皇帝カール五世が統治する神聖ローマ帝国は、徳川の幕藩体制のように、封建的統治システムであった。その統治体制では、事実上独立していた諸侯や、半独立の諸侯が皇帝への儀礼上の忠誠を誓っていた。だから、皇帝は毎年国会を召集して、封建諸侯の了解を得ながら、統治しなければならなかったし、もともと皇帝の地位は世襲制ではなく、選挙で選ばれる身分だったので、皇帝選挙権を持つ「選帝侯」の意向には特に気を配らねばならなかったのである。同じく「ローマ」という名前を冠していても、神聖ローマ帝国の皇帝は、ビザンティン帝国の皇帝とは違って、いわゆる「専制君主」ではなかったのである。

外からはオスマントルコの軍事侵攻が現実味を帯び……実際、一四五三年五月二九日には、ビザンティン帝国がトルコに滅ぼされていたし、一五二九年にはウィーンがスレイマン大帝の軍隊に二ヶ月にわたって包囲されるという事態が生じていた中で、対トルコ問題だけでも統一した政策を進めねばならないのに、宗教改革の進展によって、神聖ローマ帝国の中で、宗教的・政治的分裂の危険が高まっていた。

そこで皇帝は、一五三〇年のアウグスブルク国会で、宗教改革を導入した教会や領邦の主張を聞き、帝国内の不穏な情勢を鎮めようとした。この国会で提出されたのが、『アウグスブルク信仰告白』であった。執筆したのは、ルターの若き同僚、メランヒトンであった。『アウグスブルク信仰告白』にはラテン語とドイツ語の二種類の本文があったが、朗読されたのはドイツ語本文であった。全文の朗読には二時間かかったと言われている。しかし、皇帝はドイツ語ができなかったようであるから、皇帝には辛い二時間であったと思われる。

宗教改革期には、ルター派、改革派、急進派は次々に信仰告白文書を明らかにしたが、『アウグスブルク信仰告白』はそうした信仰告白文書の最初のものであって、ルター派の信仰表明の根本的地位を占め、ルター派教会のアイデンティティーを規定している。『アウグスブルク信仰告白』はその第七条で教会について論じているが、そこには次のように書かれている。

> 唯一の聖なるキリスト教会は、常に存在し、存続すべきである。それは、全信徒の集まりであって、その中で福音が純粋に説教され、サクラメントが福音に従って与えられる。
>
> また、キリスト教会の真の一致のためには、福音が純粋な理解に従って一致して説教され、サクラメントが神のみことばに従って与えられるということで十分である(*satis est*)。

教会が教会であるためには、福音が純粋に説教され、サクラメントが福音に従って与えられれば、それで「十分である」と言われているのである。教会の組織や制度については、いっさい触れられていない。教会の組織や制度は多様でありうる、という認識がそこにはある。言われているのは、「多様性における一致」である。

『アウグスブルク信仰告白』は、教会分裂の「可能性」が「蓋然性」にまで高まろうとしていたときに、教会の一致を回復しようという意図が込められている。メランヒトンの言葉遣いも、ルターとは対照的に穏やかである。メランヒトンには、『アウグスブルク信仰告白』の詳しい説明をしている『アウグスブルク信仰告白弁証』という著作もあり、共に『アウグスブルク信仰告白』の国会提出五〇周年に当たる一五八〇年に出版された『一致信条書』（聖文舎、一九八二年、復刻版、教文館、二〇〇六年）に収められている。

『アウグスブルク信仰告白』の特徴

『アウグスブルク信仰告白』は、内容的には教理を取り上げている前半と、教会に導入された変化に言及されている後半から成っている。前半が第一条から第二一条、後半が第二二条から二八条までである。

最小限綱領

『アウグスブルク信仰告白』は全体として見れば、第七条の教会論に見られるように「最小限綱領」である。つまり、本質的に重要な点だけに絞り込んだ記述がなされている、ということである。教会について言えば、どうしても制度や組織についても語らねばならない。しかし、第七条で語られていることは、教会の本質的機能だけであって、組織や制度については、あえて語っていない。多様な制度や組織が生じうる余地を残すためである。実際に世界中のルター派教会の組織は多様である。北欧の監督制（司教制）による国教会もあれば、会衆制の教会もあり、信徒運動から始まった信徒中心の教会もある。『アウグスブルク信仰告白』は教会論を本質的機能に絞り込んだ結果、それまでの「制度的教会論」から「機能的教会論」へと移行している。

「最小限綱領」という記述スタイルは、『アウグスブルク信仰告白』の前半を通じて一貫している。例えば、教会の機能のために不可欠な聖職者については、第五条（ドイツ語本文「説教の職務について」、ラテン語版「教会の職務について」）で、次のように言われているだけである。

このような信仰を得るために、神は福音とサクラメントを与える説教の職務を設定された。神は、これらのものを仲立ちとして聖霊を与えられる。聖霊は、神が欲する時と所において、福音を聞く人々の中に信仰を起こされる。福音は、われわれがそれを信じるとき、自分の功績によってではなく、キリストの功績によって、恵み深い神を持つことを教えるのである。

ここには、東西の教会で初代教会以来長く定着してきていた司教（主教、監督）・司祭・助祭（執事）という三段階の職制はない。教会には様々な働きがあるが、そうしたことにもいっさい触れず、「神の言葉の説教」という教会の中心的機能に的が絞られている。

この「最小限主義」は、改革者たちにとって最も重要な「信仰による義認の教理」についても同じで、第四条の「義認について」には、次のように言われているだけである。

更に、次のように教える。われわれは、自らの功績やわざ、償いによって罪の赦しと神のみ前における義を獲得するのではない。むしろ恵みにより、キリストのゆえに、信仰を通して罪の赦しを得、神の前に義となる。すなわち、キリストがわれわれのために苦しみを受けたこと、また彼のゆえにわれわれの罪が赦され、義と永遠の生命が与えられることを信じる信仰を通してである。義となるというのは、このような信仰を神はみ前に義と認め、義と見なされるということである。それは、聖パウロがローマの信徒への手紙の三章と四章に述べているとおりである。

改革者たちは、「信仰による義認」については、言いたいことはもっともっとあったはずである。しかし、メランヒトンは、ここでも、自制して必要最小限のことしか言っていない。しかし、『アウグスブルク信仰告白』の前半を通じて一貫しているこの「最小限綱領」は、どの項目でも、「これだけはどうしても不可欠だ」という線に沿って記述されているので、穏やかな書き方ながら、譲れない線は絶対に守るという「決意表明」でもあった。

『アウグスブルク信仰告白』は、政治用語に置き換えれば、「統一戦線論」である。統一戦線では、常に「最小限綱領」に基づいて様々な党派が結集する。ナチの支配に対して結集したフランスの「レジスタンス運動」がその一例である。ナチ占領下で「ナチに抵抗する」という一点で、様々な党派が結集した。今年（二〇一五年）について言えば、憲法違反のいわゆる「安保法制」に反対するという一点で、野党が結集しようとしている事態も、その一例である。『アウグスブルク信仰告白』は、ルターが理由で分裂の危機に瀕している西方教会は、この線で一致できるのではないか、という提案でもある。つまり、「統一戦線綱領」である。

歴史を貫く信仰の真理と歴史的限界

『アウグスブルク信仰告白』は、一六世紀半ばのドイツという歴史的状況の中で書かれた。どんな文書も「歴史的制約下」で書かれる。『アウグスブルク信仰告白』も、その点では同じである。しかし、ルター派教会が今日に至るまで一六世紀に書かれた『アウグスブルク』をルター派教会のアイデンティティーの基礎として受け入れてきたのは、そこに歴史を貫いて保持されるべき「信仰の真理」が込められている、という確信からである。教会の信仰に関わる事柄は、時と所が変わっても保持されなければならないからである。

しかし、『アウグスブルク信仰告白』には、歴史的諸条件に規定された部分もある。典型的なのは、第一六条である。ドイツ語本文では「国の秩序とこの世の支配について」と題され、ラテン語本文では「市民生活について」という表題になっている。ここに示すのは、ドイツ語本文による翻訳である。

国の秩序とこの世の支配については、次のように教える。すなわち、この世におけるすべての権威と定められている支配と法律は、神によって作られ、設定されたよい秩序である。またキリスト者は、政府、諸侯、裁判官の地位に罪を犯すことなく就くことができ、帝国法やその他の法に従って、判断や判決を下し、悪人を剣によって罰し、正しい戦争を行い、戦い、売買し、求められている宣誓をし、財産を持ち、結婚するなどのことをしてもよい。

ここにおいて、前述のことはいずれもキリスト教的でないと教える再洗礼派を異端と宣告する。

また、キリスト教的完全が、家屋敷、妻や子供を実際に捨てて、前述のようなわざを止めることであると教える者を異端と宣告する。正しい完全とは、まさに神を正しく畏れ、神を正しく信じることに他ならない。というのは、福音が教えるのは外的、この世的なものではなく、内的、永遠的なもの、心の義だからである。また、福音はこの世の支配、国の秩序、結婚生活を否認するのではなく、これらすべてが神の真の秩序として保たれ、またそれぞれの者が召されたところに従い、それぞれの立場において、キリスト者の愛と正しいよい行為を示すことを欲するのである。したがって、キリスト者たちは、政府に従い、罪を犯さないで実行されうるすべてのことにおいて、その命令や法に従う義務がある。しかし、政府の命令が、罪を犯さないでは従うことができないときは、人に従うよりは神に従わなければならない。使徒言行録五章(二九節)。

この一六条は、一六世紀のドイツの状況を反映している。しかし、一六世紀のドイツの社会秩序が、「神によって作られ、設定されたよい秩序である」という現状肯定の主張は明確である。ここには、明らかにローマ書一三章のパウロの発言が反映されている。

繰り返しになるが、ここにあるのは、一六世紀のドイツの現状に対する判断であり、そうした状況下に置かれている人々に向けられた発言である。その中でも、とりわけ気になるのは、「正しい戦争を行い、戦い」という言葉であろう。ラテン語本文からの翻訳は、「正しい戦争に従事し、兵士となり」となっている。

こうした言葉は、「陸海空その他の戦力は、これを保持しない」、「国の交戦権は認めない」という日本国憲法第九条の規定や、前文の理念と相容れないのは明らかであろう。そもそも「正しい戦争」が果たしてありうるのかという問いは、二度の世界大戦、革命、暴動などで推定一億人が殺傷された大量殺人（メガキル）を経験した二〇世紀を知っているわれわれには、重大な問いである。

「正しい戦争」という理念がキリスト教思想の中に入り込んだのは、アウグスティヌス（四三〇年没）からである。それを更に体系化したのが、スコラ神学の大成者、トマス・アクィナス」（一二二五―一二七四年）である。トマスは膨大な書物を残したが、後世に最も大きな影響を与えたのは、『神学大全』という日本語訳で四五冊にもなる大著である。その第二部の第二部第四〇問題でトマスは戦争の問題を論じている。

この問題を取り上げている拙論「『アウグスブルク信仰告白』第一六条の『正しい戦争を行う』について」（『ルター研究』別冊三号、リトン、二〇一五年）を引用する。

トマスは、『神学大全』の第二部の第二部の第四〇問題で、四項目にわたって戦争を論じている。その四項目は、次のようになっている。

第一　或る戦争は許されうるか。
第二　聖職者が戦争するのは許されうるか。
第三　戦争する者が策略を使うのは許されうるか。
第四　祝日に戦争するのは許されうるか

第一項では、まず「戦争は常に罪であるか」という問いが立てられ、次のように論じられる。

第一については次のように進められる。……戦争 bellum は常に罪である、とも考えられる。けだし、（一）罰は罪のためにしか加えられない。しかし戦争する者達には主によって罰が与えられる。それは『マタイ福音書』第二十六章に、『すべて剣をとる者は剣にて滅びるであろう。』とあるに基づいている。それゆえ、戦争はすべて許されざるものである。

（二）神の規定に反するところのものごとは何であれ罪である。然るに、戦争することは神の規定に反する。すなわち、『マタイ福音書』第五章には、『我は汝に告ぐ、悪人に逆らうな。』と語られ、また『ローマ人への書翰』第五章には、『愛する者達よ、汝ら復讐すな。ただ（神の）怒りにまかせよ。』といわれているのだから。それゆえ、戦争することは常に罪である。

（三）罪以外には何ものも徳ある行為には反しない。然るに、戦争は平和に反する。それゆえ、戦争は常に罪である。

（四）すべて許されたことの練習は許されているものなること、諸学の練習においてて明らかなごとくである。然るに、馬上試合でなされる戦争の練習は教会から禁じられている。なぜなら、このような騎士競技で死んだ者は教会による埋葬が断たれているからである。それゆえ、戦争は端的に罪であると考えられる。

このように、四つの論拠が上げられて、「戦争は常に罪である」という命題が肯定されている。アベラルドゥス（一〇七九―一一四二年）の記念碑的著作、『然りと否』(*Sic et non*) 以来、スコラ学の論述は、まず相対立する命題とその論拠が掲げられ、次いで、「以上に答えて、私はこういうべきだとする」という著者の見解が述べられていく。トマスは、まず「戦争は常に罪である」という命題を掲げる。次いで、それとは正反対の命題が掲げられる。

他面、その反対の論にいう。

アウグスティヌスは『百人隊長の息子』という説教で、『もしキリスト教の教えが全面的に戦争を非とするのであれば、福音書の中において、救いのための助言を求めた人達（兵士達）に対して、武器を捨て、全く軍事から身を引くようにといわれたであろう。然るに、彼らは次のように、すなわち、誰からもおどし取るな、自己の給料で満足せよ、といわれている。彼らは自分たちの給料で十分とするように命じられたのであって、戦うことが禁じられたのではない。』と述べている。

『神学大全』では一貫して、この「然り」（Sic）と「否」（Non）とをこのように対立させた上で、次にトマスの所論が掲げられる形式を取っている。

以上に答えて、私はこう言うべきであるとする。

ある戦争が正しいもの iustum であるためには、三つのことが必要となる。第一は、そのひとの命令によって戦争が遂行されるところの、君主の権威がそれである。というのも、戦争を引き起こすことは、私人 persona privata に属する仕事ではないからである。なぜなら、私人が彼の職権を行使するを得るのは、その上位にある者の判断に従ってのことだからである。（中略）ちょうど、彼らが悪事を働いた者を罰する時、国内の擾乱者 perturbatores に対抗して物質の剣で、正当に、国事の事柄を守るのと同じに、そのように、外敵から戦争の剣で国家を保護するのは彼らの仕事である（以下略）。

第二には、正当な原因が必要とされる。例えば、攻撃されている人達が、何らかの罪のために攻撃を受けるに値するような場合である。だからして、アウグスティヌスは『問題集』において、『正しい戦争とは不正を罰するところのものと定義されるのが普通である。すなわち、民族や国家が、その成員によって不正になされたことを糺すのを怠ったり、不正によって横領したものを返却するのを怠ったりして罰せられるべきである時に、その不正を罰するのである』と述べている。

第三に、戦争する者達の意図が正しいことが要求される。すなわち、善を助長するとか、悪を避けるとかいうことが意図されていなければならない。だからして、アウグスティヌスは『主の御言葉について』のなかで、『真に神を崇拝する者達の許では、戦争さえも平和的であって、欲望や残酷さによらず、悪を押さえ、善を支えるように、熱心に平和を求めて遂行される。』といっている。他面、たとえ戦争を宣する合法的な権威が存し、かつ、正しい原因が存しても、なお、歪んだ意図のために戦争が非合法的なものになることもありうるのであって、すなわち、アウグスティヌスも、『ファウストゥス駁論』のなかで、『ひとに害を与えようと望むこと、復讐しようという残酷さ、宥和しない、宥和不可能な精神、暴動を起こす野蛮さ、支配しようという欲求、およびこれに類したことがらがあるならば、それらは、戦争の中でも正当に罪となるところのものである』と述べている。

やや長い引用をしたが、以上が、特定の戦争が「正しい戦争」であるための「三要件」である。繰り返せば、「宣戦布告する主権者の権威」、「正しい原因」、「正しい意図」である。アウグスティヌスが西方教会に導入した「正しい戦争」という理念が、トマスの緻密な論法で体系化されている。メランヒトンが前提にし、「論敵たちがなんらの除外なしに受け入れている」「正しい戦争」の理念とは、トマスが体系化したこのような「正戦論」である。「宗教改革もまた、戦争の思想について基本的には中世教会と同じ線上にある。この問題に関しては、とくに宗教改革的な遺産と呼ぶべきものはないようにみえる。宗教改革諸派は、再洗礼派を別とすれば、正戦論を踏襲した」（宮田光雄）。カルヴァン（一五〇九―一五六四年）は『キリスト教綱要』第四篇二〇章一一節、一二節で、戦争を論じている。そこでは「正当な戦争」（legitimum bellum）という言い方で戦争を正当化する論理が展開されている。官憲には、社会の秩序を維持する権威が与えられているが、その中には、必要があれば強制力を用いる権威が含まれている。つまり「公的な刑罰を行うためには、時として武器を取ることが必要である」。この論拠がそのまま戦争に拡張される。「そして、これと同じ根拠（すなわち、公的刑罰）のために、正当な戦争（legitima bella）も起こるということを、判断しうるのである」。この箇所のラテン語本文は次のようになっている。ex hac ratione simul aestimare licet, legitima esse quae sic suscipiuntur bella. 直訳すれば、「同時にこの同じ論拠から、このようにして遂行される戦争は正当である、と判断することが許される」となる。

だから、アウグスティヌス、更にはトマス以来の「正戦論」が、『アウグスブルク信仰告白』一六条の「自明の前提」となっていたのである。

もう一つの背景は、トルコの軍事侵攻であった。オスマントルコは、年若いスルタン、メフメト二世のもと、西方の人々も「永遠のローマ」と見ていたビザンティン帝国を滅ぼした（一四五三年五月二九日）。ルターが「第一回詩編講義」を初めた一五一三年のちょうど六〇年前のことである。そのトルコは、今度はスレイマン大帝のもと、神聖ローマ帝国の拠点、ウィーンを二ヶ月にわたって包囲した。それは、『アウグスブルク信仰告白』が国会に提出された一五三〇年の前年、一五二九年のことであった。人々は危機感を募らせていたに違いない。神聖ローマ帝国の側でも防衛網を構築することは急務であった。この一六条はそのような状況下で書かれたのである。

しかし、二〇世紀になって「メガキル」時代が到来したのは、戦争の様相がすっかり変わったからである。一六世紀の戦争は、同じ時代の関ヶ原の戦いを見れば分かるように、戦場は限定されていた。その場から逃げていれば、直接的に戦いに巻き込まれることは稀であった。しかし、二度の世界大戦は、国土の至るところが戦場になった。非戦闘員も無差別に殺されるのが、無差別大量殺人兵器が大幅に導入された世界大戦であった。それは、基本的には限定された戦場で兵士同士が戦っていた一六世紀の人々には、とうてい想像もできないような規模になった戦争であった。

戦争の様相がすっかり変わってしまった以上、もはや「正しい戦争」という理念をそのまま保持するのは、不可能である。トマスの「三要件」は、十字軍の正当化にも使われたし、宣教師の入国を拒む国に対する戦争も正当化した。「三要件」は何の歯止めにもならなかったのである。「安保法制」のいわゆる武器使用の「新三要件」も同じであろう。

このように、『アウグスブルク信仰告白』は、信仰に関わる事柄とこの世に関わる事柄が記されている。「この世に関わる」事柄も、信仰的な判断によっているのだから、間接的には「信仰に関わる」事柄とも接点があるが、直接的には「この世の事柄への関わり方」が問題になっている。当然のことながら「この世」は常に移り変わっていく。だから、そうした「変化」に対応した判断が必要になる。一六世紀のドイツ社会に向けた判断が、そのまま二一世紀の世界や日本社会に適用されることは、ありえない。

だから、信仰に関わる事柄とこの世に関わる事柄とを識別する必要があることになる。

「正しい戦争」という理念は、その典型である。

教会に導入された変化

後半の第二二条から第二八条の表題が、「分裂のある事柄についての条項、悪習について検討を加え、それを正したもの」(ラテン語版は「正された悪習について検討した条項」)とあるように、主として信仰に関わる事柄(教理)に基づいて、教会にもたらされた変化とその根拠が述べられている。この変化には、すぐに目につく変化も、すぐには目につかない変化もあるが、最初に取り上げられているのは、すぐに目につく変化である「二種陪餐」の導入である。

東方教会の伝統は、常に一般信徒にも「二種陪餐」を行ってきたが、西方教会では中世になると、一般信徒にはパンしか与えない慣行が始まっていた。「一般信徒の血に対する恐れ」が背景にあると見られているが、第四ラテラノ公会議(一二一五年)で公式の教義と定められた「実体変化」の教理が、なおのこと「血に対する恐れ」を強めていたであろう。聖体拝領で使われるぶどう酒は、「設定辞」が唱えられると「聖変化」を起こし、マリアから生まれたあのキリストの血に代わる、というのが実体変化の教理である。何かの拍子にぶどう酒をこぼしてしまったら、「キリストの血が無駄に流された」ことになる。更に、聖餐式を行うことはキリストの命令に属しているが、「どのようにそれを守るか」は教会の判断に委ねられている、という理屈も唱えられた。

しかし、聖書の最後の晩餐の場面を見れば、そうした慣行がいかに無理かはすぐに分かる。ルターは一五二〇年の『教会のバビロン捕囚』で、教会の七つのサクラメント（秘跡、聖礼典）を信仰義認論によって再検証したが、その四割ほどのページをカトリック教会の聖餐の理解と慣行の批判に向けていた。

ボヘミアのフス派も二種陪餐を要求し、その権利を勝ち取っていた。聖体拝領（ミサにあずかること）は、「ざんげ」と共に一般信徒の教会との接点であった。教会に行くということは、事実上、ざんげをして、聖体にあずかることを意味していた。礼拝は一般の人には理解されないラテン語で行われていたからである。今日、仏教のお葬式に出て、意味がほとんど全く分からないお経を聞いても、大方の人が不思議に思わないのと同じように、当時の人もラテン語で進められる礼拝に出て、一言も理解できなくても、「そういうものだ」と思っていたのであろう。

宗教改革は二種陪餐を回復した。

もう一つ目につく変化は、聖職者が結婚をするようになったことである。だから、次の第二三条は、「司祭の結婚について」になっている。東方教会の伝統では、高位聖職者は修道士から選ばれるから独身であるが、一般の司祭は結婚している事例が多い。聖職に叙された後は、結婚が許されていないが、司祭叙階に先立って結婚していれば、それでよかったからである。他方、西方の伝統は聖職者の結婚を禁止してきたが、聖職売買という悪習と並んで、聖職者の独身制はなかなか定着しなかった。ところが、一一世紀の「教皇革命」とも呼ばれる教会改革の中で、独身制が強力に推し進められるようになった。

第二三条は、結婚の禁止が招いた様々な悪弊が論じられて、結婚が「神のことばと命令」に基づいたものであることが指摘されている。

次いで「ミサについて」(第二四条)、「ざんげ告白について」(第二五条)、「食物の区別について」(第二六条)、「修道誓願について」(第二七条)、「司教権について」(第二八条)と続き、教会に導入された変化とその論拠が述べられていく。

この他にもいろいろな変化が導入された。礼拝の言語がラテン語からドイツ語になったり、それまでは聖歌隊がラテン語で歌っていた讃美歌が、会衆がドイツ語で歌う讃美歌になったりといった変化が生まれた。修道院も廃止された。第二七条で述べられているように、当時の修道制が大きな弊害をもたらしていたからである。

『アウグスブルク信仰告白』は、宗教改革に賛同する人々の信仰告白であるが、一貫して主張されているのは、新奇な教えを唱えているのではなく、使徒以来の伝統的な信仰に堅く立っているという点である。批判されているのは、そうした使徒以来の信仰に中世の教会が付け加えた、聖書にも伝統にも基づかない人間的な教えである。宗教改革の発端となった「贖宥の神学」には「煉獄の教理」が不可欠であるが、聖書には「煉獄の教理」を成り立たせるような根拠はほぼ皆無である。ここでも発端となったのは、アウグスティヌスである。しかし、彼はそれを「仮説的に」提起しただけであったが、グレゴリウス大教皇のもとで、それは信仰箇条になり、西方教会に定着するようになった。そうした非聖書的な要素が使徒的信仰の上に覆い被さり、真の信仰を隠してしまったので、改めて使徒的信仰に立ち戻る、というのが『アウグスブルク信仰告白』の一貫した主張である。

アウグスブルク信仰告白

発行日　2015年11月16日

著　者　フィリップ・メランヒトン

訳　者　ルター研究所

発行者　大石昌孝

発行所　有限会社リトン
101-0061　東京都千代田区三崎町2-9-5-402
FAX 03-3238-7638

印刷所　互恵印刷株式会社

ISBN978-4-86376-046-2

ルター選集１
ルターの祈り
石居正己 編訳●四六判上製　119 頁　定価：本体 1,200 円＋税

愛するペーター親方よ、私は自分がどのように祈っているか、祈る時にどのようにふるまっているかを、できるだけうまくあなたに示そう。私たちの主なる神が、それよりもっとよく祈ることができるように、あなたにも、またあらゆる人にも教えてくださるように。アーメン（「単純な祈りの仕方」より）

ISBN978-4-86376-032-5

マルチン・ルター――原典による信仰と思想
徳善義和 編著● A5 判上製　239 頁　本体 3,000 円＋税

信仰の改革者、教会の改革者としての宗教改革者ルターの思想について、その「信仰と思想」という面から主な著作を通して抄を試み、ルターの信仰と思想の核心を示した。

この本が私の本来の、ひそかな願いに適って、ひとりひとりの読者の方がルターの信仰の一端に触れて、信仰の学びとし、現代の混沌の中で「生かされて、生きる」自らを発見するものとなりえるよう願っています。(「あとがき」より)

ISBN978-4-947668-64-6

ルターの慰めと励ましの手紙
タッパート 編・内海 望 訳●Ａ５判上製　461 頁　本体 6,000 円+税

本書は 203 篇の手紙等を、11 のテーマ毎に時系列に並べて編集されています。従って、1519 年のルターと 1545 年のルターとを比較することができます。そこに見えてくるのは、ルターの神学（福音理解）の一貫性です。牧会者としてのルターは、状況の中で一所懸命に、彼が聖書から再発見した「福音に生きる喜び」を人々に伝えようとしています。宛先は、福音主義を信奉するが故に獄につながれている人、犯罪者、死に直面している人、愛する者を失い悲嘆の中にある人々、学生、同労の牧師、長男ハンス、妻ケーテ、領主、あらゆる人々を含みます。また、同僚の牧師に対する実際的なアドバイスもあります。(「訳者あとがき」より)

ISBN978-4-947668-76-9